Alphabetische Reihenfolge der Bände auf der letzten Seite

Der Zweite Weltkrieg

Polnischer Orden

Der Zweite Weltkrieg

Russischer Orden

Text von
Simon Adams

Fotos von
Andy Crawford

Beretta-Pistole des italienischen Vizekönigs von Äthiopien

Holzratsche zur Warnung vor Luftangriffen

DORLING KINDERSLEY
London, New York, Melbourne,
München und Delhi

Programmleitung Andrea Pinnington
Projektleitung Sunita Gahir
Cheflektorat Sue Grabham
Projektbetreuung Melanie Halton
Redaktionsassistenz Jayne Miller
Bildredaktion Jane Tetzlaff, Ann Cannings,
Julia Harris, Martin Wilson
DTP-Design Andrew O'Brien
Bildrecherche Mollie Gillard
Fotos Steve Gorton
Herstellung Kate Oliver, Andy Hilliard,
Laragh Kedwell, Hitesh Patel, Georgina Hayworth
Umschlaggestaltung Carol Davis

Für die deutsche Ausgabe:
Programmleitung Monika Schlitzer
Projektbetreuung Janna Heimberg
Herstellungsleitung Dorothee Whittaker
Herstellung Anna Ponton

Bibliografische Information der Deutschen Bibliothek
Die Deutsche Bibliothek verzeichnet diese Publikation in der
Deutschen Nationalbibliografie; detaillierte bibliografische Daten
sind im Internet über http://dnb.ddb.de abrufbar.

Titel der englischen Originalausgabe:
Eyewitness World War II

© Dorling Kindersley Limited, London, 2000, 2007
Ein Unternehmen der Penguin-Gruppe

© der deutschsprachigen Ausgabe by
Dorling Kindersley Verlag GmbH, München, 2012
Alle deutschsprachigen Rechte vorbehalten

Übersetzung Werner Horwath,
Karin Fellner (S. 64–71, Poster)
Lektorat Eva Schweikart
Satz Roman Bold & Black

ISBN 978-3-8310-2057-7

Colour reproduction by Colourscan, Singapore
Printed and bound in China by Toppan

Besuchen Sie uns im Internet
www.dorlingkindersley.de

Nazi-Standartenträger
(Spielzeugmodell)

Britisches Feuerwehrabzeichen

Schneestiefel aus Stroh für deutsche
Soldaten in der Sowjetunion

Britische Strandmine

Japanische Gebetsfahne

Inhalt

Eine geteilte Welt	6
Vorboten des Kriegs	8
Kriegsvorkehrungen	10
Blitzkrieg	12
Besetzung	14
Widerstand	16
Die deutschen Streitkräfte	18
Die Schlacht um England	20
Bombenangriffe	22
Der totale Krieg	24
Auf feindlichem Boden	26
Kriegsgefangene	28
Codes und Chiffren	30
Amerika im Krieg	32
Frauenarbeit	34
Kindheit im Krieg	36
Der Kampf um den Pazifik	38
Japan im Krieg	40
Die Schlacht im Atlantik	42
Stalingrad	44
In der Sowjetunion	46
Kämpfe in der Wüste	48
Propaganda und Moral	50
Der Holocaust	52
Invasion Frankreichs	54
Die Befreiung	56
Die Atombombe	58
Kriegsende	60
Nach dem Krieg	62
Wusstest du das?	64
Chronik	66
Neugierig geworden?	68
Glossar	70
Register	72

„Evakuierungs-Quartett"

Eine geteilte Welt

In der Zeit vor Ausbruch des Zweiten Weltkriegs war die Welt im Wesentlichen in drei politische Lager geteilt. Das erste bestand aus demokratischen Ländern mit frei gewählten Regierungen. Hierzu gehörten Großbritannien, Frankreich, die Niederlande, Belgien, Schweden, die Tschechoslowakei und die USA. Die zweite Gruppe – die faschistischen Länder Italien und Spanien, das von den Nationalsozialisten (Nazis) regierte Deutschland, das nationalistische Japan sowie die Einparteien-Staaten Osteuropas – wurde von mächtigen Diktatoren beherrscht. Das letzte Lager bildete die Sowjetunion als erster kommunistischer Staat, in dem die politische Macht bei Arbeitern und Bauern liegen sollte – in Wirklichkeit aber herrschte Josef Stalin (1879–1953) als Diktator. Streitigkeiten zwischen den drei Lagern über Territorien und Wirtschaftsmacht führten 1939 zum Zweiten Weltkrieg.

SOWJETISCHE SYMBOLE
Hammer und Sichel, die man auf diesem Abzeichen sehen kann, waren die Symbole für die Sowjetunion und auch auf der Nationalflagge abgebildet. Der Hammer stand für die Industriearbeiter, die Sichel für die Bauern.

Hammer
Sichel

ARBEITER AN DIE MACHT!
Die Kommunisten übernahmen 1917 die Macht in Russland und gründeten die Sowjetunion. Sie waren gegen privates Eigentum. Nur wenige Länder hatten Zutrauen zur Sowjetunion oder deren Führer Stalin.

Die Figuren aus Edelstahl wirken jung, kräftig und attraktiv.

Das Monument eines Arbeiters und einer Bäuerin entstand für die Weltausstellung in Paris 1937.

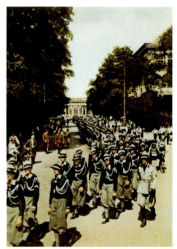

FASCHISMUS
Benito Mussolini (1883–1945) übernahm 1922 die Macht in Italien und wandelte das Land in einen faschistischen Führerstaat um. In den 1930er-Jahren hatten auch Spanien, Portugal und Deutschland faschistisch orientierte Regierungen, in Deutschland waren es die Nationalsozialisten.

Marsch der faschistischen Jugend Italiens

Blau umrandetes Königswappen

ITALIENISCHER FASCHISMUS
Das Symbol der italienischen Faschisten waren „Fasces" – Rutenbündel, die schon im alten Rom als Zeichen von Macht galten. Doch auch unter Mussolini blieb Italien ein Königreich mit Viktor Emanuel III. als König. Die offizielle Flagge zeigte das Königswappen.

Uniform aus dem kaiserlichen Japan, 1930er-Jahre

SYMBOL DER NATIONALSOZIALISTEN
Das Hakenkreuz (auch Swastika) ist ein überliefertes Symbol, das v. a. im Mittelmeerraum und in Indien verwendet wurde. Adolf Hitler (1889–1945) machte es zum Symbol der Nationalsozialistischen Deutschen Arbeiterpartei. Auf weiß-rotem Grund war es ab 1935 auf der deutschen Flagge zu sehen.

„Nach fünfzehn Jahren Verzweiflung steht ein großes Volk wieder auf den Beinen."

Adolf Hitler, 1933

Kassette für ein Exemplar von Mein Kampf

NSDAP-Mitgliedsbuch

KAISERLICHES JAPAN
Im Ersten Weltkrieg kämpfte Japan aufseiten Großbritanniens, Frankreichs und der USA, fühlte sich jedoch nach dem Friedensvertrag bei der Gebietsverteilung benachteiligt. In den 1920er-Jahren geriet die japanische Regierung zunehmend unter den Einfluss fanatischer Nationalisten, die zusammen mit dem Militär das Land zu einem Großreich in Asien ausbauen wollten.

HITLERS VORHABEN
1924 schrieb Hitler im Gefängnis sein programmatisches Buch Mein Kampf. Darin forderte er für Deutschland einen starken Führer, ein großes Heer, wirtschaftliche Unabhängigkeit, die Unterdrückung des Kommunismus sowie die Vernichtung der Juden. Das damals kaum beachtete Buch zeigte deutlich, was Hitler im Fall einer Machtübernahme vorhatte.

DIE NSDAP
Die 1920 gegründete Nationalsozialistische Deutsche Arbeiterpartei, kurz NSDAP, wurde von Hitler angeführt. Die Nazis sahen die deutschen „Arier" (hellhäutig und blond) als „Herrenrasse" an und wollten Deutschland wieder zu einem mächtigen Staat machen.

REICHSPARTEITAGE
1933 kam die NSDAP in Deutschland an die Macht. Die Nazis veranstalteten alljährlich Parteitage, bei denen Paraden und Aufmärsche stattfanden und Hitler sowie andere Nazigrößen Reden hielten. Die Reichsparteitage wurden in Nürnberg abgehalten und waren Massenveranstaltungen, bei denen Stärke, Entschlossenheit und die Macht der Partei demonstriert werden sollten.

Nazi-Aufmarsch beim Nürnberger Reichsparteitag von 1935

Vorboten des Kriegs

Nachdem Hitler 1933 mit seiner NSDAP an die Macht gekommen war, begann er schon bald das Land aufzurüsten. Das Rheinland, eines der industriereichsten Gebiete Deutschlands, war nach dem Ersten Weltkrieg zur entmilitarisierten Zone erklärt worden, da es direkt an der Grenze zu Frankreich und Belgien liegt. 1936 besetzte Hitler das Rheinland, 1938 gliederte er Österreich und Teile der Tschechoslowakei dem Deutschen Reich an. Italien weitete währenddessen seinen Einfluss im Mittelmeerraum und in Nordafrika aus und die Japaner marschierten 1937 in China ein. Die Beziehungen zwischen Deutschland, Italien und Japan festigten sich. Frankreich und Großbritannien verfolgten gegenüber den Aggressoren zunächst eine Beschwichtigungspolitik, doch bis Ende der 1930er-Jahre hatten sie ihre Streitkräfte wieder aufgerüstet. Die USA blieben vorerst neutral, beobachteten aber das Vorgehen Japans im Pazifikraum mit wachsender Sorge. 20 Jahre nach dem Ende des Ersten Weltkriegs bereitete sich die Welt auf einen neuen Krieg vor.

DER VERSAILLER VERTRAG
Nach seiner Niederlage im Ersten Weltkrieg musste Deutschland 1919 den Versailler Vertrag unterzeichnen. Es verlor seine Kolonien in Übersee sowie Teile des Staatsgebiets und durfte keine große Armee mehr aufstellen. Viele Deutsche waren gegen den Vertrag und unterstützten Hitlers Weigerung, ihn anzuerkennen.

EXPLOSIVE LAGE IN NORDAFRIKA
Italien eroberte 1935 Abessinien (heute Äthiopien). Sein Herrscher, Kaiser Haile Selassie (1892–1975, rechts), ging ins Exil. Mussolini wollte ein neues Römisches Reich errichten und das Mittelmeer zu einem italienischen Meer machen. Italien weitete seine Herrschaft auch auf Libyen aus und besetzte 1939 Albanien.

EINMARSCH DER JAPANER IN CHINA
Nach Übernahme der zu China gehörenden Mandschurei 1932 führte Japan ein massives Aufrüstungsprogramm durch. 1937 marschierte Japan auf breiter Linie in China ein und belagerte die Hauptstadt Nanking sowie weite Teile der Küste.

DER ANSCHLUSS ÖSTERREICHS
Im März 1938 erklärte Hitler den Anschluss Österreichs an Deutschland. Damit brach er den Versailler Vertrag, der eine Vereinigung Deutschlands und Österreichs untersagt hatte. Viele Österreicher waren damit einverstanden, die Nachbarländer jedoch fürchteten Hitlers wachsende Macht.

ZWEI DIKTATOREN
Zunächst war der italienische Staatsführer Mussolini (links) gegen Hitler (rechts), da dieser Österreich, den nördlichen Nachbarn Italiens, dem Deutschen Reich angliedern wollte. Mit der Zeit aber näherten sich die beiden Staaten einander an. 1936 bildeten sie als „Achsenmächte" auf der Achse Berlin-Rom eine Partnerschaft, die später auf Japan ausgeweitet wurde. Italien und Deutschland schlossen 1939 ein Militärbündnis, den sogenannten Stahlpakt, und kämpften in den ersten Kriegsjahren zusammen.

EINHEIT VON BRITEN UND FRANZOSEN
Die Beziehung zwischen Frankreich und Großbritannien wurde 1938 durch den Staatsbesuch von König Georg VI. (links) und Königin Elisabeth in Frankreich gestärkt. Als 1939 ein Krieg unvermeidbar schien, beschlossen die beiden Länder, Polen und Griechenland bei einem möglichen Angriff Deutschlands bzw. Italiens beizustehen.

FRIEDENSANGEBOT
Um Hitler politisch entgegenzukommen, reiste der britische Premierminister Arthur Neville Chamberlain 1938 nach München. Es kam zur Unterzeichnung des Münchner Abkommens, das die Abtretung des Sudetenlands an das Deutsche Reich regelte. Die Tschechoslowaken protestierten, doch Chamberlain glaubte so den Frieden zu sichern. 6 Monate später gliederte Hitler auch den Rest der Tschechoslowakei an das Deutsche Reich an.

EINMARSCH IN POLEN
Deutsche Soldaten reißen 1939 einen polnischen Schlagbaum nieder. Hitler hatte die Rückgabe des Polnischen Korridors, eines Landstreifens zwischen Ostpreußen und dem übrigen Deutschland, gefordert. Polen weigerte sich und Hitler ließ das Land am 1. September angreifen. Daraufhin erklärten Großbritannien und Frankreich am 3. September Deutschland den Krieg. Der Zweite Weltkrieg hatte begonnen.

Kriegsvorkehrungen

TRAGBARES WARNGERÄT
Der Warndienst des britischen Luftschutzes wurde mit Holzratschen ausgerüstet, die eigentlich zum Verscheuchen von Vögeln gedacht waren. Ihr lautes Geräusch sollte vor Gasangriffen warnen, damit die Menschen rechtzeitig Schutzräume aufsuchen konnten.

Als sich zwischen 1938 und 1939 die Gefahr eines Kriegs abzeichnete, bereiteten sich Deutschland, Großbritannien, Frankreich und Italien auf den Ernstfall vor. Man erstellte Pläne zur Rationierung von Lebensmitteln und wichtigen Rohstoffen. Frankreich besetzte die zwischen 1929 und 1932 errichtete Maginot-Linie im Grenzgebiet zu Deutschland. Die britische Regierung befürchtete Angriffe auf London und andere Städte sofort nach Kriegsbeginn und traf Schutzmaßnahmen für die Zivilbevölkerung. Man legte Luftschutzkeller an, verteilte Gasmasken und plante, die Kinder aufs Land zu evakuieren. Bei Kriegsausbruch im September 1939 wurden bereits etliche Pläne umgesetzt, andere erst nach dem deutschen Einmarsch in Skandinavien, den Niederlanden und Frankreich im April und Mai 1940.

SCHUTZ DER HEIMATFRONT
Gegen Kriegsende wurden in Deutschland nicht eingezogene Männer zwischen 16 und 60 Jahren zum „Volkssturm" einberufen. Wie bei der 1940 gebildeten britischen Home Guard („Heimwehr") waren die Männer schlecht ausgerüstet – sie mussten mit dem kämpfen, was gerade zur Hand war.

Die Maginot-Untergrundbahn transportierte Soldaten und Waffen.

FRANKREICHS VERTEIDIGUNG
Die Maginot-Linie war der wichtigste Befestigungsgürtel Frankreichs. Sie verlief entlang der Ostgrenze zu Deutschland, von Luxemburg im Norden bis zur Schweiz im Süden. Die Linie bestand aus Panzersperren, Artillerieblöcken und Bunkerstellungen, die z. T. durch eine unterirdische Bahn miteinander verbunden waren.

Blechdosen-Granate

Benzinbombe, hergestellt aus einer Weinflasche

Deutsche Gasmaske

IMPROVISIERTE WAFFEN
Die Mitglieder der britischen Home Guard hatten nur wenige Waffen und mussten oft improvisieren. Aus Blechdosen stellten sie Granaten her und aus Flaschen Benzinbomben. Die Home Guard war ein Freiwilligenheer, das Verteidigungseinrichtungen schützen sollte.

GASMASKEN
In Großbritannien bekam jeder eine Gasmaske. In Deutschland dagegen wurden nur gefährdete Personen wie Kinder, Luftschutzwarte und hohe Nazibeamte mit Gasmasken ausgerüstet. Keine Seite startete jedoch jemals einen Giftgasangriff.

Gasfilter

VORKEHRUNG GEGEN NÄCHTLICHE LUFTANGRIFFE
Dieses Plakat rief die deutsche Bevölkerung auf, die Fenster zu verhängen, damit das Licht aus den Häusern feindlichen Bombern nicht den Weg zeigen konnte. Seit Kriegsbeginn bestand sowohl in Deutschland als auch in Großbritannien Verdunkelungspflicht.

Lebensmittelkarte für Fleisch

RATIONIERUNG
In Deutschland wurden die Lebensmittel rationiert. Fleisch, Butter, Vollmilch, Zucker und Marmelade gab es ab dem 1. September 1939 nur noch auf Lebensmittelkarten. 1943 verschärfte sich die Ernährungslage.

SCHUTZBALLON
Sperrballons schützten die großen britischen Städte vor Luftangriffen. Wenn ein Angriff bevorstand, ließ man die Ballons steigen: Sie zogen ein Netz aus Stahlkabeln unter sich her, sodass die Bomber sehr hoch fliegen mussten, was ihre Treffsicherheit stark einschränkte.

LUFTSCHUTZRÄUME
Viele Briten legten in ihren Gärten zum Schutz vor Luftangriffen sogenannte Anderson-Schutzräume an: in den Boden eingelassene und mit Erde bedeckte Wellblechtunnel. Im Februar 1941 wurden für Familien ohne Garten Morrison-Schutzräume (Stahlbehälter für Innenräume) eingeführt.

STRANDSCHUTZ
Im Süden Großbritanniens und im Norden Frankreichs wurden an den Stränden Minen ausgelegt. Sie sollten verhindern, dass der Feind vom Wasser aus landete und einmarschierte.

Britische Strandmine

Blitzkrieg

Blitzkrieg ist die Bezeichnung für die überfallartigen Angriffe, die die Deutschen vor allem zu Kriegsbeginn führten. Schnelle Panzerverbände drangen dabei in fremdes Gebiet vor. Ihnen folgte die langsamere Infanterie, die jeden Widerstand niederschlug. Nachdem die Deutschen völlig überraschend am 1. September 1939 einen Blitzkrieg gegen Polen begonnen hatten, erklärten Großbritannien und Frankreich Deutschland den Krieg. Zwischen Mai und Juni 1940 überfielen deutsche Truppen Frankreich, die Niederlande, Belgien und Luxemburg. Sie hatten zwar weniger Panzer und Soldaten aufzubieten als die vereint kämpfenden gegnerischen Truppen, dafür aber Luftüberlegenheit. Durch ausgeklügelte Planung, schnelle Angriffe und konzentrierten Beschuss behielten die Deutschen vorerst die Oberhand.

Der deutsche Außenminister Joachim von Ribbentrop
Der sowjetische Außenminister Wjatscheslaw Molotow
Der sowjetische Staatsführer Josef Stalin

DEUTSCH-SOWJETISCHER PAKT
Am 23. August 1939 unterzeichneten die Außenminister Deutschlands und der Sowjetunion einen Nichtangriffspakt. So konnte Deutschland in Polen und seinen westeuropäischen Nachbarländern einmarschieren, ohne einen sowjetischen Angriff befürchten zu müssen. Am 28. September kamen die Minister erneut zusammen, um die Teilung Polens festzulegen.

Ausgeklinkte Bombe

Eine britische Zeitung meldet den Beginn des Zweiten Weltkriegs.

KRIEGSERKLÄRUNG
Großbritannien und Frankreich erklärten Deutschland am 3. September 1939 den Krieg. Damit befanden sich auch ihre Kolonien im Krieg. Die meisten europäischen Staaten, darunter Irland, die Schweiz, Spanien und Portugal, blieben zunächst neutral, ebenso die USA.

VORSTOSS PER MOTORRAD
Deutsche Panzerverbände setzten auch Motorräder mit Seitenwagen ein, um in fremdes Gebiet vorzudringen. Ihr unerwartetes Auftauchen überraschte die Bevölkerung oft so, dass kaum Widerstand geleistet wurde.

PANZERANGRIFF
Die Hauptrolle beim Blitzkrieg spielten Panzerverbände, die von Jagdflugzeugen aus der Luft unterstützt wurden. Die Panzer drangen so schnell und gezielt vor, dass sie oft auf die nachfolgende Infanterie warten mussten. Hier ist ein Sturmgeschütz zu sehen.

STUKA
Das Sturzkampfflugzeug (Stuka) *Junkers* Ju 87 spielte beim Blitzkrieg eine wichtige Rolle. Die Stukas hatten laut heulende Sirenen, die die Piloten einschalteten, bevor sie im Sturzflug ihre Bomben abwarfen.

EINNAHME FRANKREICHS
Dieses Foto entstand nach einem Bombenangriff auf die nordfranzösische Stadt Calais. Massive Zerstörungen wie diese führten nach 6 Wochen zum Zusammenbruch Frankreichs.

STURM AUF NACHBARLÄNDER
Im Mai 1940 fielen deutsche Truppen in Belgien, Luxemburg und den Niederlanden ein. Die Niederländer versuchten den Vorstoß zu bremsen. Da sie der Übermacht der deutschen Truppen aber nicht gewachsen waren, ergaben sie sich bereits nach 4 Tagen. Kurz danach folgten Belgien und Luxemburg.

Handgranate

WURFWAFFEN
Deutsche Infanteristen warfen beim Vorstoß in fremdes Gebiet Hand- und Stabgranaten, um Gegner zu töten und Heckenschützen in den Gebäuden auszuschalten.

Stabgranate

Die Stabgranate ließ sich schnell aus dem Stiefel ziehen.

Besetzung

In Europa reagierten die Menschen unterschiedlich auf die deutsche Besetzung. Manche schlossen sich dem Widerstand an oder verweigerten die Zusammenarbeit mit den Besetzern. Andere wiederum arbeiteten aktiv mit den Deutschen zusammen, sahen sie als Beschützer vor dem Kommunismus und unterstützten die antijüdische Politik Deutschlands. Den meisten jedoch blieb kaum eine andere Wahl, als sich der Situation anzupassen. In Frankreich und Norwegen arbeiteten die von den Nazis eingesetzten Regierungen mit Deutschland zusammen. Der Name des ab 1942 amtierenden deutschfreundlichen Staatschefs von Norwegen, Vidkun Quisling, steht in der norwegischen Sprache synonym für „Verräter". Die vor dem Krieg herrschenden Staatsoberhäupter Polens, der Tschechoslowakei, Norwegens, der Niederlande, Luxemburgs, Griechenlands und Jugoslawiens flohen nach London, wo sie Exilregierungen bildeten. König Leopold III. von Belgien wurde von den Deutschen gefangen genommen, der dänische König Christian X. und seine Regierung blieben zunächst unbehelligt. Die wirkliche Macht lag allerdings überall bei den Deutschen.

Kopfhörer

Plakette der LVF

WAFFENBRÜDER
Die französische Légion des Volontaires Français (LVF), eine antikommunistische Organisation, kämpfte mit Freiwilligen neben Deutschland an der Ostfront gegen die Sowjetunion.

Wenige Tage nach der Einnahme von Paris besuchte Hitler die Stadt.

HITLER IN PARIS
Nach einem Feldzug von etwas mehr als einem Monat eroberten deutsche Truppen am 14. Juni 1940 das unverteidigte Paris. Die französische Regierung sowie 2 Mio. Bürger waren zuvor geflohen. Nach dem ersten Schock über die Besetzung ging das Leben in der Stadt jedoch weitgehend unverändert weiter.

Selbst gebautes Radio, mit dem eine niederländische Familie während der Besetzung Nachrichten hörte

Eine französische Kollaborateurin wird kahl geschoren.

IM GEHEIMEN
Mit solchen „Dosenradios" hörte man in den Niederlanden den britischen Sender BBC. Gesendet wurden allgemeine Kriegsberichte, Nachrichten von der im Exil lebenden Königsfamilie sowie kodierte Botschaften für Geheimagenten. In vielen besetzten Ländern waren Radios verboten, deshalb bauten die Menschen sich Empfänger wie diesen selbst.

KOLLABORATION
In den besetzten Ländern arbeiteten viele mit den Deutschen zusammen, indem sie Nachbarn bespitzelten oder Informationen übermittelten. Manchen Frauen, die mit deutschen Offizieren eine Beziehung eingegangen waren, wurde nach der Befreiung von erbosten Landsleuten der Kopf geschoren. Andere, die kollaboriert hatten, wurden erschlagen oder erschossen.

Ansteckabzeichen mit der doppelköpfigen Axt des Vichy-Staats

NEUE SYMBOLE
Während der Vichy-Regierung wurden viele Symbole der französischen Republik durch Vichy-Symbole ersetzt. Dazu gehörten die doppelköpfige Axt und Porträts von Marschall Pétain.

Englisches Georgskreuz

„OPERATION DYNAMO"
Zwischen dem 26. Mai und dem 4. Juni 1940 wurden 338 226 Soldaten bei der „Operation Dynamo" von der französischen Küste bei Dünkirchen evakuiert. Als die deutsche Armee durch Nordfrankreich zum Ärmelkanal vorstieß, drängte sie die britische und einen Großteil der französischen Armee an die Küste. Schiffe verschiedener Länder fuhren auf dem Kanal hin und her, um die Soldaten zu retten. Für die Briten bedeutete dies eine schwere Niederlage, doch die erfolgreiche Evakuierung war ein großer Trost.

VICHY-FRANKREICH
Frankreichs Ministerpräsident Pétain schloss am 22. Juni 1940 einen Waffenstillstand mit Deutschland. Frankreich musste die deutsche Besetzung im Norden und Westen des Landes anerkennen und Pétain wurde Oberhaupt eines Marionettenstaats (in Wirklichkeit hatten die Deutschen das Sagen) mit Sitz in der südfranzösischen Stadt Vichy. Im November 1942 besetzten die Deutschen auch Südfrankreich und im August 1944 brach der Vichy-Staat zusammen.

RETTUNGSBOOT
Von den über 900 an der „Operation Dynamo" beteiligten Schiffen – von Minensuchschiffen und Zerstörern bis hin zu privaten Segelbooten und Fischkuttern – war die nur 4,40 m lange *Tamzine* das kleinste Boot. Mit ihr gelangten zahlreiche Soldaten vom Strand zu den größeren Schiffen im tiefen Wasser.

Die Tamzine, *bei der „Operation Dynamo" das kleinste zivile Boot auf dem Ärmelkanal*

Widerstand

Anfangs reagierten die Menschen in Europa unkoordiniert und daher erfolglos auf die Besetzung ihrer Länder. Nur vereinzelt kam es zu bewaffnetem Widerstand, und beherzte Einzelpersonen riskierten ihr Leben, um alliierten Piloten oder Gefangenen zur Flucht zu verhelfen oder verfolgte Juden unterzubringen. Später bildeten sich organisierte Gruppen, die von Großbritannien mit Waffen und Nachrichten versorgt wurden, während kommunistische Gruppen in Osteuropa nach 1941 von der Sowjetunion Unterstützung erhielten. Als die Deutschen immer härtere Maßnahmen ergriffen, Arbeitslager einrichteten und Juden sowie Angehörige anderer Völker, die sie als „Untermenschen" betrachteten, ermordeten, wuchs der Widerstand. Bis zur Befreiung 1944–1945 kämpften Partisanengruppen neben den britischen, amerikanischen und sowjetischen Armeen.

HEIMATARMEE
Diese Armbinde trugen Mitglieder der polnischen Heimatarmee, die 1942 gegründet wurde, um gegen die deutsche Besatzungsmacht zu kämpfen. Sie löste im August 1944 den Warschauer Aufstand aus, wurde jedoch vernichtend geschlagen.

DIE FARBE DER FREIHEIT
Die niederländischen Widerstandsgruppen waren in Europa sehr erfolgreich. Ihre Mitglieder halfen verfolgten Juden und unterstützten Piloten und Truppen der Alliierten im Kampf gegen Deutschland.

„FREIES FRANKREICH"
Als Frankreich an die Deutschen fiel, floh General Charles de Gaulle nach London. Am 18. Juni 1940 rief er in einer Radioansprache die Franzosen zum Kampf für ein freies Frankreich auf.

SPIONAGE UND SABOTAGE
Der dänische Widerstand gegen die Deutschen wuchs, als sich die Verhältnisse im Land verschlechterten. Um 1943 spionierten viele Dänen für Großbritannien und organisierten Streiks und Sabotage-Akte.

KÖNIG CHRISTIAN X.
Als deutsche Truppen am 9. April 1940 in Dänemark einfielen, blieb König Christian X. (1870–1947) im Land. Die dänische Regierung vermied so weit es ging die Zusammenarbeit mit den Deutschen und verhalf den meisten der 8000 dänischen Juden zur Flucht ins neutrale Schweden.

Echte Briefmarke

Veränderte Briefmarke

KLITZEKLEINER UNTERSCHIED
Die Kommunikation per Post war für Widerstandsgruppen riskant. Die Deutschen fingen Briefe ab und sandten sie dann an die Widerstandskämpfer weiter, was zu deren Entdeckung und Ermordung führte. Damit die Empfänger wussten, welchen Briefen sie trauen konnten, druckte der britische Geheimdienst leicht veränderte Briefmarken.

Lebensmittelkarte, Führerschein und Soldatenpass aus Frankreich

Größerer Tränensack unter dem linken Auge

Yeo-Thomas' gefälschter Pass – als François Tirelli musste er sich eine neue Unterschrift zulegen.

DOPPELLEBEN
Mithilfe gefälschter Papiere nahmen Geheimagenten neue Identitäten an. Der Brite F. F. E. Yeo-Thomas (1901–1964), bekannt als „Weißer Hase", arbeitete mit dem französischen Widerstand zusammen, erst als François Thierry, später unter dem Nachnamen Tirelli. Die Gestapo verhaftete und folterte ihn 1944, doch er überlebte.

Leichte Skelett-Schulterstütze

Abzug

WAFFEN DES WIDERSTANDS
Die britische Sten-Maschinenpistole ließ sich leicht bedienen. Da sie einfach und billig herzustellen war, bauten viele Widerstandsgruppen in besetzten Ländern sie nach. Die hier gezeigte 9-mm-Mark-II wurde von dänischen Widerstandskämpfern gebaut.

ANGREIFER IM GESTRÜPP
Hier sieht man einen französischen Kommandanten, der Widerstandskämpfer auf einen Angriff vorbereitet. Der französische Widerstand gegen die deutsche Besetzung begann bereits, als deutsche Truppen im Mai 1940 nach Frankreich vordrangen. Man bezeichnete die bewaffneten Widerstandsgruppen als „Maquis", nach dem korsischen Wort für Gestrüpp, da sie sich vor Angriffen in Büschen verschanzten.

AM ÄRMEL
Mitglieder des „Freien Frankreichs" versteckten kleine Messer am Revers oder im Ärmel, mit denen sie sich bei einer möglichen Gefangennahme befreien konnten. Ihr Kennzeichen – das Lothringer Kreuz – ist auf der Messerscheide zu sehen.

Die Messerscheide mit Armband wurde unter der Kleidung getragen.

MUTIGE WITWE
Die Parfümverkäuferin Violette Szabó (1921–1945) trat der Special Operations Executive (SOE), einer Abteilung des britischen Geheimdiensts, bei, nachdem ihr Mann im Kampf für das „Freie Frankreich" umgekommen war. Sie unterstützte den Widerstand in Frankreich, wurde gefangen genommen und starb in einem Konzentrationslager (KZ).

Der Schalldämpfer minderte das Schussgeräusch stark ab.

LAUTLOSE WAFFEN
Diese schallgedämpfte 9-mm-Beretta-Pistole gehörte einem Agenten der italienischen Organizzazione di Vigilanza e Repressione dell'Antifascismo (OVRA), die den Faschismus unterstützte und in den französischen Alpen sowie auf dem Balkan kämpfte.

TITOS PARTISANEN
Die erfolgreichste europäische Widerstandsgruppe waren die jugoslawischen Partisanen (links). Geführt wurde die Organisation mit etwa 150 000 Mitgliedern vom späteren Staatschef Tito (1892–1980). 1944 befreiten die Partisanen zusammen mit der russischen Roten Armee zuerst die jugoslawische Hauptstadt und dann das ganze Land von den deutschen Besetzern.

Die deutschen Streitkräfte

Die deutschen Streitkräfte setzten sich aus unterschiedlichen Organisationen zusammen, deren Oberbefehlshaber jeweils Hitler war. Neben der Wehrmacht (der eigentlichen Armee) gab es die Schutzstaffel (SS), die ursprünglich zum persönlichen Schutz Hitlers ins Leben gerufen worden war. Der SS gehörten auch viele Mitglieder der Geheimen Staatspolizei (Gestapo) an. Die Panzerverbände, die Kriegsmarine und die Luftwaffe bildeten eigene Einheiten, ebenso die Reserververbände, die verschiedenen Bürgerwehren und die „Braunhemden" der Sturmabteilung (SA). Uniformen und Abzeichen dienten dazu, eine starke Identität zu schaffen und ein Bild zu vermitteln, das junge Leute begeistern sollte. Die Streitkräfte waren gut ausgerüstet, zeitweise auch sehr gut organisiert und galten bis gegen Ende 1942 bei vielen als unbesiegbar.

Totenkopfsymbol — *Feldmütze*

SYMBOL DES TODES
Mitglieder der Waffen-SS trugen schwarze, kurze Panzerjacken, die sich für die Enge im Panzerinnern gut eigneten. Auf ihrer Feldmütze befanden sich das deutsche Hoheitszeichen und der Totenkopf der SS.

Divisionsabzeichen
Kragenspiegel mit Siegesrunen
SS-Panzerjacke
Divisionstitel „Adolf Hitler"
Koppel
SS Motto: „Meine Ehre heißt Treue."
Hose
Gurtband
Einfassung
Knöchelschlitz

SCHWERE PANZER
Die deutschen Panzerverbände waren Teil des Heers. Der PzKpfw IV (Panzerkampfwagen IV) gehörte zu den 2500 Panzern, die 1940 mit insgesamt zehn Panzerverbänden in Frankreich einfielen.

Adler
Das Hakenkreuz, ursprünglich ein Glückssymbol
Hoheitszeichen

SS-ABZEICHEN
Dieses schwarzsilberne Abzeichen kennzeichnete die Waffen-SS, die Kampfeinheit der SS. Zu ihren bedeutendsten Zeiten umfasste sie 39 Divisionen mit mehr als 900 000 Soldaten.

Stiefel

Ringe zum Ziehen der Kanone

VERSTECKTE GEFAHR
Eine der wichtigsten deutschen Panzerabwehrkanonen war die Pak 38 (links), die als einzige Kanone zur Abwehr sowjetischer T34-Panzer geeignet war. Sie hatte eine Reichweite von 2750 m und ließ sich durch ihre geringe Größe leicht vor dem Feind verstecken.

Generalsmütze

Rangabzeichen für Generalmajor

Eichen- und Lorbeerblätter

Kragenspiegel mit goldenem Eichenlaub

Hoheitszeichen

DIENSTANZUG
Hitlers Hoheitszeichen – ein Adler mit Hakenkreuz – wurde allen deutschen Militäruniformen aufgenäht. Daneben blieben die traditionellen Militärabzeichen zur Kennzeichnung des Rangs erhalten. Verschiedenfarbige Paspeln standen für unterschiedliche Einheiten, z. B. weiß für Infanterie (Fußsoldaten) und rot für Artillerie (Soldaten mit Geschützen).

Querband

Eisernes Kreuz 1. Klasse, 1939

Haken für einen Dolch

Division „Großdeutschland"

Jacke der Geländeuniform

Koppel mit Pistolenhalfter

Pistolenhalfter

Kniebundhose eines Generals

Uhrtasche

Der breite rote Streifen weist den Träger als General der Artillerie aus.

Schnüre aus Kalbsleder

Stiefel eines Generals

Durch die sechs Geschützrohre wurden im Abstand von einer Sekunde nacheinander die Granaten abgefeuert.

„STÖHNENDE MINNIE"
Der Nebelwerfer konnte 32 kg schwere Granaten bis zu 6900 m weit feuern. Sein Standort war leicht auszumachen, weil die Granate beim Abschuss eine bis zu 12 m hohe, helle Flamme ausstieß. Die Briten nannten den Nebelwerfer nach dem Geräusch beim Abfeuern „Stöhnende Minnie".

„BRAUNHEMDEN"
Angehörige der Sturmabteilung (SA) wurden wegen ihrer Uniform als „Braunhemden" bezeichnet. Die 1921 zum Schutz von Nazirednern bei Veranstaltungen gegründete SA hatte zeitweise über 500 000 Mitglieder. Nach dem „Röhm-Putsch" 1934, einem Machtkampf zwischen Reichswehr und SA, wurde die SA massiv reduziert.

SS-ARMBINDE
Eine solche Armbinde trugen die Mitglieder der Schutzstaffel (SS), der am meisten gefürchteten Organisation Nazideutschlands. Die für ihre Grausamkeit bekannte SS wurde auch zur Bewachung der Konzentrationslager eingesetzt.

DIE AUGEN RECHTS!
Die Schutzstaffel (SS), hier bei einer Parade, war ursprünglich Hitlers Leibwache. Sie unterstand Heinrich Himmler, der sie zunächst zu einer eigenständigen Polizeiorganisation, später zu einer selbstständigen Kampfgruppe ausbaute. Die SS ist für viele der schlimmsten Nazi-Verbrechen verantwortlich.

AN DER FRONT
Hier ist einer der rund 12,5 Mio. Soldaten, die während des Kriegs in der Wehrmacht dienten, vor einem brennenden russischen Bauernhof zu sehen. Die Infanterie konnte sich bis an den Stadtrand von Moskau durchkämpfen, bevor sie sich zur Verteidigung Berlins zurückziehen musste.

Die Schlacht um England

Nach dem Zusammenbruch Frankreichs im Juni 1940 hoffte Hitler, Großbritannien würde einen Frieden anstreben. Dies hatte Großbritannien unter seinem neuen Premierminister Winston Churchill jedoch nicht vor. Daher entschloss sich Hitler zu einer Invasion über den Ärmelkanal: das „Unternehmen Seelöwe". Damit das Vorhaben gelingen konnte, musste die deutsche Luftwaffe die britische Royal Air Force (RAF) schlagen. Der erste Angriff auf britische Flugplätze erfolgte am 10. Juli 1940. Geschwader deutscher Dornier-Bomber flogen, begleitet von *Messerschmitt*-Kampfflugzeugen, über Südostengland. Großbritannien setzte Jagdflugzeuge vom Typ *Hurricane* und *Spitfire* dagegen. Tag für Tag erschütterten schwere Kämpfe die Luft, bis im Oktober 1940 die Royal Air Force den Luftraum eroberte und Deutschland die Angriffe einstellen musste.

Vorn an der Tragfläche waren fünf Browning-MGs angebracht.

SPITFIRE
Zu Kriegsbeginn war die *Spitfire* Mk 1A das modernste Kampfflugzeug der Royal Air Force. Mit einer Höchstgeschwindigkeit von 582 km/h war sie in großen Höhen schneller und wendiger als die deutsche *Messerschmitt* Bf 109 E.

INTERNATIONAL BESETZT
Die Royal Air Force hatte Piloten aus aller Welt, darunter Polen, Tschechoslowaken und Franzosen, die aus ihren von den Deutschen besetzten Heimatländern geflohen waren. Einsätze flogen auch kanadische, neuseeländische und sieben amerikanische Piloten, obwohl die USA noch nicht in den Krieg eingetreten waren. Neue Piloten wurden höchstens 10 Stunden ausgebildet und sofort eingesetzt.

Zwei Royal-Air-Force-Navigatoren (links) studieren mit polnischen Piloten eine Karte.

Mobiler Luftschutz-Radarempfänger

FEINDERKENNUNG
Radargeräte waren für die Royal Air Force sehr wichtig, da sie vor anfliegenden Kampfmaschinen warnten. Die Radarsysteme sendeten Funksignale aus, die an den Flugzeugen abprallten und vom Radarempfänger wieder aufgenommen wurden. So wussten die Piloten, dass sie zur Abwehr bereit sein mussten.

KURVENKÄMPFE
Royal Air Force und Luftwaffe kämpften um die Kontrolle des Luftraums, sodass Kurvenkämpfe an der Tagesordnung waren. Diese Kämpfe, hier nachgestellt im Film *Luftschlacht um England* (rechts), erforderten viel Mut und großes Geschick von den Piloten.

„Nie zuvor hatten so viele so wenigen so viel zu verdanken."

Winston Churchill

Messerschmitt Bf 110C

MESSERSCHMITT-FLUGZEUGE
Die deutsche Luftwaffe setzte hauptsächlich zwei Typen der *Messerschmitt*-Baureihe ein. Die Bf 110 C wurde als Begleitflugzeug für Langstreckenbomber eingesetzt. Sie war langsam und schwer zu fliegen, sodass sie sich mit den britischen *Hurricanes* und *Spitfires* nicht messen konnte. Die schnellere Bf 109 E war zwar den *Hurricanes* überlegen, hatte aber nur 660 km Reichweite.

Doppeltes Seitenleitwerk am Heck

GÖRINGS LUFTWAFFE
Der für die Luftwaffe zuständige Reichsmarschall Hermann Göring beobachtet hier von der französischen Küste aus mit Offizieren die Schlacht um England. Göring rechnete damit, dass die Luftwaffe binnen 4 Tagen alle Abwehranlagen in Südengland zerstört und binnen 4 Wochen die gesamte Royal Air Force besiegt haben würde. Dann, so plante er, könnte Deutschland Großbritannien einnehmen.

STÄNDIGE BEOBACHTUNG
Bodentruppen hielten mit starken Feldstechern Ausschau nach feindlichen Flugzeugen. Das hier gezeigte Gerät gehörte der deutschen Luftwaffe. Auf große Entfernungen setzten beide Seiten Radargeräte ein. Bei Luftkämpfen mussten die Piloten immer auf Bewegungen feindlicher Maschinen achten.

Peiler

Starke Linsen

Feldstecher der Luftwaffe

Okular

Der Feldstecher war in alle Richtungen drehbar.

Bombenangriffe

Britisches Feuerwehrabzeichen

Kein Geräusch war im Krieg so gefürchtet wie das Dröhnen herannahender Bomber. Sie waren mit hochexplosivem Sprengstoff und Brandbomben beladen, die sie über den Städten abwarfen. Den Krieg führenden Parteien ging es darum, den Gegner durch die Zerstörung strategischer Einrichtungen (Fabriken, Eisenbahnen usw.) zu schwächen. Man hoffte mit der Bombardierung ziviler Ziele, den Gegner zur Aufgabe zu zwingen. 1940 und 1941 wurde Großbritannien systematisch bombardiert, während Deutschland ab 1942 und Japan ab 1944 wiederholt mit Bomben angegriffen wurden. Dabei kamen viele Tausend Menschen ums Leben, Häuser wurden zerstört und historische Bauten vernichtet.

Zwei Überlebende der Luftangriffe am Eingang zu dem Schutzraum, der ihnen das Leben rettete

SCHUTZ SUCHEN
Bei Luftangriffen versteckten sich viele Menschen in unterirdischen Bunkern, andere suchten Zuflucht in Kellern. Auf diese Weise überlebten viele die verheerenden Bombenangriffe auf europäische, japanische und chinesische Städte.

ZERSTÖRERISCHE KRAFT
Gegen Ende des Kriegs setzte Deutschland seine geheimsten und tödlichsten Waffen ein, die „Vergeltungswaffen" V1 und V2 (V steht für „Vergeltung"). Beide hatten Sprengköpfe von etwa 1 t Gewicht, die schwere Schäden verursachten. Viele V1-Raketen verfehlten jedoch ihr Ziel, da sie schwer lenkbar waren.

Die V2 war 14 m lang, wog 13 t und flog in 80 km Höhe.

V2-Rakete

Magnesium-Brandbombe

BRANDBEKÄMPFUNG
Die größten Schäden bei Luftangriffen entstanden durch nachfolgende Brände. Feuerwehrleute riskierten beim Löschen ihr Leben, u. a. weil sie sich vergewissern mussten, dass niemand mehr in den brennenden Häusern war.

Londoner Feuerwehrleute beim Löschen eines Lagerhausbrands

HEISSE BOMBEN
Tausende solcher Brandbomben fielen auf deutsche und britische Städte. Die mit brennbaren Chemikalien wie Magnesium und Phosphor gefüllten Bomben sollten Gebäude in Brand setzen.

„BLITZ"
Zwischen September 1940 und Mai 1941 versuchte Deutschland Großbritannien zur Aufgabe zu zwingen, indem es die größten Städte des Landes bombardierte. 127 schwere Nachtangriffe fanden statt – 71 auf London, die anderen auf Städte wie Liverpool, Glasgow und Belfast. Bei den als „Blitz" bezeichneten Luftangriffen kamen über 60 000 Zivilisten um.

FEUERKRAFT
Schwere Bomber wie diese amerikanischen *Flying Fortresses* trugen Bombenladungen von 5800 kg, die auf strategische oder zivile Ziele abgeworfen wurden und schlimme Schäden verursachten.

BOMBEN AUF DRESDEN
Der Luftangriff der Alliierten auf Dresden im Februar 1945 ist eins der umstrittensten Kriegsereignisse. Die Bomben zerstörten unzählige Gebäude und forderten Tausende Todesopfer. Da es in Dresden kaum militärische Ziele gab, betrachteten viele den Angriff auf unbewaffnete Zivilisten als Kriegsverbrechen.

PILOTENSCHUTZ
Als Schütze an Bord eines Bombers lebte man gefährlich. Sie saßen oder standen in einer erhöhten Kanzel, um rundherum gute Sicht zu haben.

Noch zwei Jahre nach dem Angriff lag Dresden in Trümmern.

Visier

BORDSCHÜTZENAUSZEICHNUNG
Die deutsche Luftwaffe zeichnete Bordschützen nach Punkten aus. Der Abschuss eines feindlichen Flugzeugs brachte 4 Punkte. Für 4 Flugzeuge – oder 16 Punkte – gab es die Auszeichnung.

MASCHINENGEWEHR EINES BOMBERS
Die einzige Verteidigung, die die Bomber selbst an Bord hatten, waren Schützen mit ihren Maschinengewehren. In der Luft bildeten die langsamen, schweren Maschinen ein leichtes Ziel für feindliche Jäger oder Flugabwehrraketen. Deshalb flogen sie in großen Verbänden und wurden von schnellen, wendigen Jagdflugzeugen begleitet.

Heck-Maschinengewehr eines *Heinkel*-Bombers

Eine Straße in London nach einem nächtlichen Luftangriff

Luftschutzwarte und Zivilisten suchen in den Trümmern nach Überlebenden.

Der totale Krieg

Bis Mitte 1941 wurde der Krieg hauptsächlich in Europa und Nordafrika ausgetragen. Auf der einen Seite standen die Achsenmächte (hauptsächlich Deutschland und Italien), auf der anderen die Alliierten (Großbritannien, Frankreich und ihre Kolonialreiche). Nach dem Zusammenbruch Frankreichs im Juni 1940 stand Großbritannien allein gegen die Achsenmächte. Die Lage veränderte sich, als deutsche Truppen in Russland einfielen und Japan die USA in Pearl Harbor sowie die Briten in Malaya angriff: Der Krieg wurde nun weltweit geführt, lediglich Südamerika war nicht in die Kämpfe verwickelt. Gekämpft wurde im nordatlantischen und pazifischen Raum, in den Wüsten Nordafrikas, den kalten Steppen Russlands und den Regenwäldern Südostasiens.

Stalins Schulterband

Das Einflussgebiet der Achsenmächte in Europa

BESETZTES EUROPA
Bis November 1942 hatten Deutschland und Italien fast ganz Europa besetzt. Nur Großbritannien und Russland kämpften noch gegen sie. In Nordafrika besetzten die Alliierten Marokko und Algerien und vertrieben die Deutschen aus Ägypten nach Libyen.

- Achsenmächte
- Von den Achsenmächten kontrollierte Gebiete
- Alliierte Staaten
- Von den Alliierten kontrollierte Gebiete
- Neutrale Staaten
- Ausdehnung der deutschen Besetzung

EINSATZ FÜR FRANKREICH
Als Frankreich von den Deutschen besetzt wurde, kämpfte General Charles de Gaulle von Großbritannien aus für ein freies Frankreich. Er befehligte einen Teil der französischen Truppen in Übersee und hatte großen Einfluss auf die Widerstandsbewegung.

Deutsche Panzerverbände in einem russischen Dorf, das Zivilisten vor der Flucht angezündet hatten

GEGEN RUSSLAND
Am 22. Juni 1941 starteten die Deutschen einen Überraschungsangriff auf Russland und brachen damit den deutsch-sowjetischen Nichtangriffspakt von 1939. Das „Unternehmen Barbarossa" brachte Russland auf die Seite Großbritanniens.

Der britische Premierminister Winston Churchill (1874–1965)

Der amerikanische Präsident Franklin Roosevelt (1882–1945)

Der sowjetische Staatsführer Josef Stalin (1879–1953)

DIE GROSSEN DREI
Die Staatschefs Großbritanniens, der Sowjetunion und der USA kamen 1945 in Jalta auf der Halbinsel Krim zusammen (links). Zweimal trafen sie sich während des Kriegs, um das gemeinsame Vorgehen zu besprechen.

ANGRIFF AUF PEARL HARBOR
Am 7. Dezember 1941 griff Japan völlig überraschend den US-Marinestützpunkt Pearl Harbor auf Hawaii an. 19 Schiffe wurden zerstört und über 2400 Soldaten getötet. Präsident Roosevelt sprach von einem „Tag der Niedertracht". Am 8. Dezember traten die USA in den Krieg gegen die Achsenmächte ein.

MUSSOLINIS ITALIEN
Italien unter Mussolini (rechts) trat erst im Juni 1940 aufseiten Deutschlands in den Krieg ein. Es erklärte Großbritannien und Frankreich den Krieg und besetzte Südfrankreich. Im Oktober 1940 fielen die Italiener in Griechenland ein und teilten 1941 mit Deutschland Jugoslawien auf. Sie kämpften auch mit den Deutschen in Russland.

Hitler und Mussolini in Florenz (Italien)

GENERAL TOJO
Hideki Tojo (1884–1948), der 1941 japanischer Ministerpräsident wurde, schlug sich auf die Seite Deutschlands und Italiens. Unter seiner Regierung griff Japan die USA sowie britische Territorien in Asien an und dehnte das japanische Reich nach Südostasien und in den Pazifikraum aus. Tojo wurde 1948 als Kriegsverbrecher verurteilt und hingerichtet.

General Hideki Tojo in Kriegszeiten auf der Titelseite einer japanischen Zeitschrift

JAPANISCHE HERRSCHAFT
Anfang 1942 hatte Japan ganz Südostasien und weite Teile des Pazifiks eingenommen. Der Sieg der amerikanischen Marine bei Midway im Juni 1942 stoppte Japans Kriegszug.

Von Japan beherrschte Gebiete um 1942
Grenzen des japanischen Expansionsbereichs

Angriff auf Pearl Harbor

Explodierendes Kriegsschiff beim Angriff der Japaner

Auf feindlichem Boden

Während des Kriegs setzten viele Männer und Frauen ihr Leben aufs Spiel, indem sie in besetzten Ländern feindliche Truppen ausspionierten, mit Widerstandskämpfern zusammenarbeiteten und Sabotage-Akte durchführten, um den Gegner zu schwächen. Die Regierungen setzten ganze Spionage-Netzwerke ein: Die Briten gründeten das Special Operations Executive (SOE) und die Amerikaner das Office of Strategic Services (OSS). Beide bildeten Geheimagenten für die Untergrundarbeit in den gegnerischen Ländern aus. Techniker suchten nach immer raffinierteren Möglichkeiten, Funkgeräte, Karten und andere Spionageausrüstung zu verstecken. Nicht alle Agenten waren erfolgreich, viele wurden enttarnt, gefangen genommen, gefoltert und in Konzentrationslager gebracht.

SELBSTMORDPILLE
Britische Geheimagenten hatten eine sogenannte L-Pille bei sich (L steht für letal oder tödlich), oft in Ringen oder anderem Schmuck verborgen. Die Pille schluckten sie, wenn sie von feindlichen Agenten enttarnt wurden. Sie brachte in nur 5 Sekunden den Tod.

Mini-Kompass *Geheimfach*

PLÄNE IN DER PFEIFE
Diese äußerlich ganz normal wirkende Pfeife enthielt Geheimnachrichten. Der Pfeifenkopf war innen mit Asbest belegt, sodass man rauchen konnte, ohne dass die darin versteckte Nachricht oder Karte Feuer fing. Im Mundstück steckte ein kleiner Kompass.

GEHEIMAGENT SORGE
Der deutsche Journalist Richard Sorge (1895–1944) war als Spion für Russland tätig. In Japan erfuhr er, dass die Japaner planten, Asien und nicht Russland anzugreifen. Dank dieser Information konnten sich die Russen auf den Kampf gegen Deutschland konzentrieren.

Klinge *Die Löcher zeigen das Innere.*

VERSTECKTES MESSER
Die MI9, eine britische Organisation zur Unterstützung von Kriegsgefangenen, verteilte solche Bleistifte mit verstecktem Messer, die bei einem Fluchtversuch hilfreich sein konnten. Ein einfacher Bleistift erregte kaum Verdacht.

Schraube zum Laden *Patrone*

BLEISTIFT-PISTOLE
Durch Aufschrauben des Endes und Einsetzen einer Patrone wurde dieser Drehbleistift zur Pistole. Innen war ein unter Federdruck stehendes Spannstück, das die Patrone abfeuerte.

Zum Schießen wurde der Knopf gedrückt.

GEFÄHRLICHES TREFFEN
Das SOE schickte 1942 Odette Sansom nach Südfrankreich, wo sie sich mit Peter Churchill, einem Vertreter der Widerstandsbewegung, traf. Sie wurden 1943 von den Deutschen gefasst, überlebten das Konzentrationslager und heirateten nach dem Krieg.

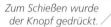

GIFTIGE NADELN?
Dieser Stift ist ein Beispiel für den Einfallsreichtum britischer Geheimdienstmitarbeiter. Beim Abziehen der Kappe wurde eine spitze Grammofonnadel abgefeuert. Die Nadeln waren nicht tödlich – doch sollte das Gerücht verbreitet werden, sie seien vergiftet.

Sendereinstellung

TÄUSCHENDE FUSSABDRÜCKE
Agenten des SOE hatten Gummisohlen in Fußform, die sie nach der Landung an der japanischen Küste über die Stiefel zogen. Die Fußabdrücke machten die Japaner glauben, sie stammten von barfüßigen Einheimischen – und nicht von feindlichen Agenten.

Die Gummisohlen wurden mit Riemen an den Stiefeln befestigt.

Abdeckung mit englischen Aufschriften

TASCHENFUNK
Die „Abwehr", der deutsche militärische Nachrichtendienst, entwickelte kleine batteriebetriebene Funkgeräte. Damit konnten die Agenten Morsebotschaften senden und empfangen. Alle Aufschriften waren auf Englisch, um den Besitzer nicht zu verraten.

GEHEIMNISSE UNTERM FUSS

Fächer in den Stiefelabsätzen waren ideale Verstecke für Nachrichten, Landkarten und andere Dokumente. Beide Seiten nutzten dieses einfache Prinzip, doch war dies oft auch die erste Stelle, die bei Verdacht untersucht wurde.

Im Absatz versteckte Nachricht

BOTSCHAFT AUS DEM KOFFER

Beide Seiten verwendeten Kofferfunkgeräte, um Nachrichten aus dem Feindesland zu übermitteln. Amerikanische Funkgeräte waren oft in den Koffern europäischer Flüchtlinge versteckt, die in New York ankamen. Die Botschaften wurden mit Morsezeichen übermittelt – Tonfolgen, die einzelne Buchstaben darstellen.

Mit den Kopfhörern konnten die Agenten Mitteilungen abhören.

SPRUNG INS VERDERBEN

Nicht jedes SOE-Unternehmen war erfolgreich. Madeleine Damerment sprang im Februar 1944 mit zwei weiteren Agenten mit dem Fallschirm über dem besetzten Frankreich ab. Bei der Landung wurde sie gefasst und später ins KZ Dachau gebracht, wo man sie hinrichtete. Viele SOE-Agenten traf ein ähnliches Schicksal.

KARTENTRICKS

In dieser Spielkarte ist ein Teil einer Fluchtkarte verborgen. Um eine komplette Fluchtkarte zu erhalten, musste man die Oberseiten mehrerer Spielkarten ablösen und die nummerierten Kartenteile zusammensetzen.

Unter der Spielkarte erschien ein Stück Landkarte.

Stecker für die Stromversorgung

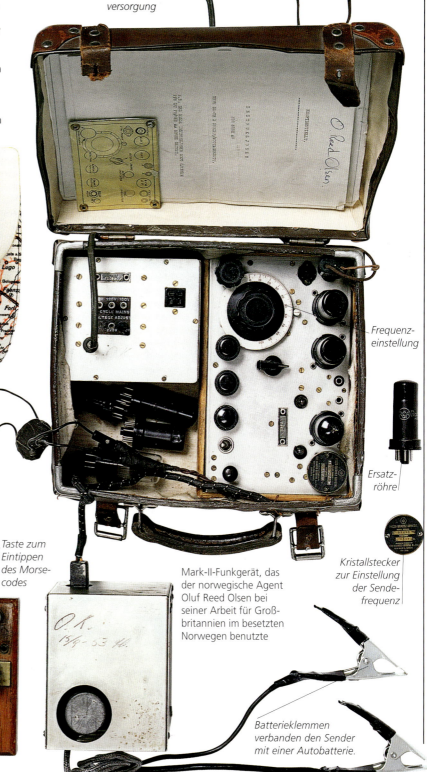

Frequenzeinstellung

Ersatzröhre

Kristallstecker zur Einstellung der Sendefrequenz

Linsenöffnung

Taste zum Eintippen des Morsecodes

Mark-II-Funkgerät, das der norwegische Agent Oluf Reed Olsen bei seiner Arbeit für Großbritannien im besetzten Norwegen benutzte

Batterieklemmen verbanden den Sender mit einer Autobatterie.

STREICHHÖLZER

Diese Streichholzschachtel sieht französisch aus, wurde aber in Großbritannien für SOE-Agenten hergestellt. Ausländische Agenten mussten darauf achten, dass sie sich nicht durch Gegenstände aus ihren Heimatländern verrieten.

STREICHHOLZKAMERA

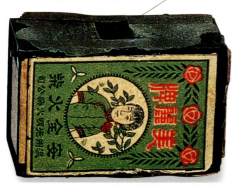

Die amerikanische Firma Kodak entwickelte diese winzige Streichholzkamera für OSS-Geheimagenten, damit diese unbemerkt fotografieren konnten. Der Aufdruck an der Vorderseite wurde immer dem jeweiligen Land angepasst, in dem die Kamera benutzt wurde.

Kriegsgefangene

Im Verlauf des Kriegs wurden viele Millionen Soldaten gefangen genommen oder sie ergaben sich dem Gegner. Allein in den ersten drei Monaten des deutschen Vormarsches in die Sowjetunion 1941 gerieten mehr als 2 Millionen Soldaten der Roten Armee in Gefangenschaft. Die meisten Kriegsgefangenen mussten Monate oder sogar Jahre in speziellen Gefangenenlagern verbringen. Internationale Abkommen wie die Genfer Konvention von 1929 sollten die Gefangenen schützen, doch nicht alle Seiten hielten sich daran. In deutschen Lagern mussten die Kriegsgefangenen vor allem in den letzten Kriegsmonaten sehr leiden, da ihre Nahrungsrationen stark eingeschränkt wurden. Viele dachten sich raffinierte Fluchtmöglichkeiten aus, aber nur wenige konnten entkommen, und wer auf der Flucht gefasst wurde, musste mit einer harten Strafe rechnen.

KENNZEICHEN
Alle Kriegsgefangenen mussten Erkennungsmarken tragen. Diese beiden sind aus den deutschen Lagern Oflag XVIIA und Stalag VI/A.

LAGERWÄHRUNG
Kriegsgefangene der Alliierten wurden in deutschen Lagern für ihre Arbeit mit „Lagergeld" bezahlt. Mit diesem Geld, z. B. den oben abgebildeten 1-, 2- und 5-Reichsmark-Scheinen, konnten sie Rasierzeug, Zahnpasta und manchmal auch Essen in der Lagerkantine kaufen.

Polnische Kriegsgefangene bei der Zubereitung eingeschmuggelter Lebensmittel auf einem selbst gebauten Ofen

GEFANGENSCHAFT
Die Genfer Konvention, ein internationales Abkommen über die Menschenrechte von Kriegsgefangenen, verlangte, dass diese genauso gekleidet, ernährt und untergebracht werden sollten wie ihre Wärter. Außerdem sollten sie Eigentum haben, ihre Religion ausüben und medizinische Betreuung erhalten dürfen. Die Vorgaben der Konvention wurden jedoch nicht immer eingehalten.

„SCHNALLENSÄGE"
Manche Gefangenen konnten einfache Werkzeuge einschmuggeln. So versteckten sie z. B. kleine Sägen in der Gürtelschnalle.

Winziges Sägeblatt

KNOPFKOMPASS
Ein Kompass ließ sich auch in einem Knopf verstecken. Bei erfolgreicher Flucht konnte er den richtigen Weg weisen.

Kompassnadel

Drehbare Klinge

VERBORGENE KLINGEN
Manche Gefangenen nagelten sich für Fluchtversuche Klingen an die Schuhabsätze. Klingen wurden auch an Münzen befestigt, deren Besitz im Gegensatz zu Banknoten erlaubt war.

Nagel zur Befestigung der Klinge

ABFLUG!
Der Bau des Segelfliegers im Jagdschloss von Colditz in Sachsen war Teil eines ungewöhnlichen Fluchtplans. In Colditz gab es ein Lager für Kriegsgefangene, die zuvor aus anderen Lagern entflohen waren. Von den 1500 Gefangenen dort gelang 130 die Flucht, doch 98 wurden wieder gefasst.

EINFALLSREICHTUM
Kriegsgefangene verarbeiteten für Fluchtversuche alle möglichen Gegenstände. Mit einfachen, aus Bettpfosten und Metallresten hergestellten Werkzeugen (links) bauten sie in Colditz einen Segelflieger (oben).

Selbst gebauter Hobel (unten) und Säge

STIEFEL UND SCHUH
Britische Piloten trugen Fliegerstiefel, die sich mit ein paar Schnitten in Straßenschuhe umwandeln ließen. Dazu benutzten sie kleine Messer, die sie in Geheimtaschen trugen. So konnten sich Piloten, die gezwungen waren, auf feindlichem Gebiet zu landen, unerkannt unter die Leute mischen.

Fliegerstiefel

Straßenschuh

ERSEHNTE POST
Dank der Genfer Konvention konnten Kriegsgefangene von ihren Angehörigen Briefe und Pakete mit Essen, Kleidung oder Büchern erhalten. Die Päckchen wurden vom Internationalen Roten Kreuz übermittelt, das in der neutralen Schweiz von Genf aus operierte. Für die Gefangenen war dies sehr wichtig, weil es der einzige Kontakt zu ihrer Familie war.

Post vom Roten Kreuz

„Delikatessen", die es im Lager sonst nicht gab

GEFANGENE IN REIH UND GLIED
Oft mussten Kriegsgefangene Hunderte von Kilometern zurücklegen. Diese deutschen Soldaten wurden im Juni 1944 von den Alliierten in der Normandie festgenommen. Man brachte sie über den Ärmelkanal in ein englisches Lager. In Nordafrika festgenommene Italiener wurden sogar nach Australien, Südafrika und Indien gebracht.

LEBEN MIT DEM FEIND
Bei Kriegsende wurden nicht alle Gefangenen gleich entlassen. Sie durften jedoch Kontakt mit den Einheimischen haben – manchmal entstand daraus auch Liebe. Ludwig Maier (zweiter von rechts), ein in Schottland internierter Deutscher, heiratete 1947 die Engländerin Lucy Tupper. Erst ein Jahr später kam er frei.

LEBEN IM LAGER
Im April 1945 befreiten die Amerikaner 9000 sowjetische Kriegsgefangene aus dem deutschen Lager Stalag 326 (unten). Zuvor waren dort 30 000 Gefangene gestorben. Sowjetische Kriegsgefangene wurden besonders schlecht behandelt. Sie mussten wochenlang von der Ostfront zu den Lagern marschieren und erhielten dort nicht ausreichend Essen.

Codes und Chiffren

Ein Code ersetzt die Wörter einer Mitteilung durch Buchstaben, Zahlen oder Symbole. Eine Chiffre ist eine Codeform, bei der Buchstaben oder Zahlen in einer Mitteilung hinzugefügt oder weggelassen werden, um sie zu verschleiern. Im Krieg verwendeten sowohl die Alliierten als auch die Achsenmächte Codes und Chiffren zur Nachrichtenübermittlung. Botschaften der deutschen *Enigma*- und der japanischen *Purple*-Chiffriermaschinen wurden jedoch von europäischen und amerikanischen Kryptografen (Code-Knackern) entziffert. So kamen die Alliierten an wichtige militärische und diplomatische Informationen.

Ersatz-Glühlampen

Sichtfenster im Deckel

Die Stellung der Walze, die nach jedem Anschlag rotierte, bestimmte die Verschlüsselung jedes Buchstabens.

Tastatur zum Eintippen der Nachricht

Chiffrierwalze mit vier Buchstabenringen

Das alphabetische Glühlampenfeld zeigte den fertigen verschlüsselten Buchstaben.

Die Kabel wurden täglich umgesteckt.

Lichtfilter-Platte

ALAN TURING
Der Mathematiker Alan Turing (1912–1954) arbeitete für den britischen Geheimdienst. Er spielte eine wichtige Rolle bei der Entschlüsselung von *Enigma*-Botschaften. Seine Arbeiten über Computertheorie und künstliche Intelligenz trugen zur Entwicklung moderner Computer bei.

FRÜHE COMPUTER
Wissenschaftler und Kryptografen des britischen Entschlüsselungszentrums Bletchley Park entwickelten die „Bombe" zur Entschlüsselung von *Enigma*-Botschaften. Die „Bombe" konnte jede mögliche Kombination der Walzenstellung von *Enigma* nachstellen. Später bauten die Briten den *Colossus*, einen Vorgänger der heutigen Computer.

DIE CHIFFRIERMASCHINE *ENIGMA*
Die deutsche *Enigma* wurde erstmals 1923 zur Verschlüsselung von Handelsgeheimnissen eingesetzt. Später hat man sie weiterentwickelt, sodass sie zur wichtigsten Chiffriermaschine des Zweiten Weltkriegs wurde. *Enigma* verschlüsselte jeden Buchstaben einzeln mithilfe von Buchstabenringen auf einer drehbaren Walze sowie mehreren Kabeln, die in ein Buchsenfeld gesteckt wurden. Die Anordnung wurde täglich verändert, was Millionen von Kombinationen ergab.

VERSTECK IM RING
In Gegenständen wie diesem Ring wurden im Krieg sogenannte Microdots versteckt – auf Punktgröße verkleinerte Fotografien codierter Mitteilungen, die nur mit einem Vergrößerungsglas gelesen und entschlüsselt werden konnten.

Boris Hagelin mit seiner Chiffriermaschine M-209

VERSCHLÜSSELT
In den 1930er-Jahren erfand der Kryptograf Boris Hagelin (1892–1983) in Schweden die M-209. Sie war die wichtigste Chiffriermaschine der amerikanischen Armee und wurde über 140 000 Mal hergestellt.

VON DER WIRKLICHKEIT ZUM ROMAN
Manche, die im Krieg mit Verschlüsselungen und dem Geheimdienst zu tun hatten, verarbeiteten ihre Erlebnisse in Romanen, z. B. Ian Fleming (1908–1964), der für die britische Marine tätig war.

Ian Fleming, der Erfinder des Agenten James Bond

CHIFFRIERMASCHINE PURPLE
Die japanische *Purple* basierte auf einer Schalttafel und Telefonschaltern und war so kompliziert wie die deutsche *Enigma*. Der amerikanische Geheimdienst knackte den *Purple*-Code im September 1940 und baute die Maschine nach.

Pearl Harbor nach dem Angriff der Japaner

CHIFFRIERMASCHINE KRYHA
Die 1924 erfundene *Kryha* verschlüsselte Texte mit einer federbetriebenen Walze. Mithilfe der Walze konnte man zwei Scheiben mit je einem Alphabet gegeneinander drehen und so die Buchstaben einer Nachricht vertauschen. Deutsche Diplomaten verwendeten die *Kryha* im Krieg, ohne zu wissen, dass die Amerikaner den Code längst geknackt hatten.

VERKANNTE INFORMATION
Der amerikanische Geheimdienst entschlüsselte einen Briefwechsel, der mit der japanischen *Purple* verschlüsselt worden war. Eine Botschaft wies auf einen geplanten Angriff der Japaner Ende 1941 hin, doch war nicht klar, dass Pearl Harbor das Ziel sein sollte. Dank einer besseren Entschlüsselungstechnik konnte die US-Marine 1942 die Japaner in der Schlacht bei Midway schlagen.

Amerika im Krieg

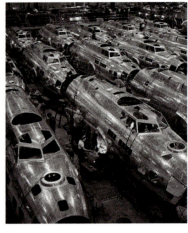

Roman im Taschenformat für US-Soldaten

Nach dem Schock von Pearl Harbor verwandelte sich die Wirtschaft der USA in eine gewaltige Kriegsmaschinerie. Wie der amerikanische Präsident Franklin D. Roosevelt sagte, wurde die Wirtschaft zum „Waffenlager der Demokratie" umfunktioniert. Das Land stellte Waffen in Massenproduktion her, die Rüstungsausgaben stiegen, die Arbeitslosigkeit ging zurück, die Löhne verdoppelten sich. Trotz Rationierungsmaßnahmen war die Lage in den USA weniger kritisch als in anderen Krieg führenden Staaten. Das Land erlebte sogar einen wirtschaftlichen Aufschwung.

MASSENPRODUKTION
Flugzeughersteller wie Boeing in Seattle spielten eine große Rolle bei der Rüstungsproduktion. In amerikanischen Fabriken wurden über 250 000 Flugzeuge, 90 000 Panzer, 350 Zerstörer und 200 U-Boote gebaut. 1944 wurden 40 % aller Rüstungsgüter der Welt in den USA hergestellt.

BROWNING-MASCHINENGEWEHR
Das 0,50er-Browning-Maschinengewehr war die Standardwaffe der amerikanischen Bomber. Die Boeing B-17 *Flying Fortress* hatte z. B. 13 solcher MGs an Bord. Doch selbst wenn mehrere Bomber in engen Verbänden flogen, kamen die Brownings nicht gegen deutsche Kampfflugzeuge an.

15. Air Force

9. Air Force

US Strategic Air Forces

KAMPF MIT FEUER
Ein amerikanischer Marineinfanterist, der sich das Gesicht mit schützender Creme eingerieben hat, benutzt 1942 bei den Kämpfen auf der Pazifikinsel Guadalcanal einen Flammenwerfer. Mit Flammenwerfern setzte man Gebäude in Brand, aber auch Sträucher und Gebüsch, die dem Feind als Schutz dienen konnten.

Pilotenfallschirm mit Sprungfeder

Vier Fallschirme für sanften Gleitflug

Fallschirm-Stahlseil

Stoßfänger federn die Räder bei der Landung ab.

AIR-FORCE-DIVISIONEN
Diese Ärmelabzeichen der US Army Air Force (amerikanische Luftwaffe) kennzeichnen verschiedene Divisionen. Die 15. Air Force sollte von Deutschen gehaltene Ziele in Süditalien angreifen, die 9. unterstützte die Alliierten in Nordafrika und Italien. Aus der 8., 9. und 15. Air Force gingen später die US Strategic Air Forces in Europa hervor.

Die Mustang hatte eine Reichweite von 3347 km.

Die Höchstgeschwindigkeit betrug 703 km/h.

Abwerfbarer Treibstofftank

LANGSTRECKENFLIEGER
Die P-51 *Mustang* galt als eins der besten Kampfflugzeuge. Frühere Versionen waren in Flughöhe und Reichweite begrenzt. Mit besserem Motor, größeren Treibstofftanks und verkürztem hinterem Rumpf wurde die vierte Version (P-51 D) sogar zur Begleitung von Bombern auf dem langen Flug nach Deutschland eingesetzt.

Amerikanische P-51 D Mustang

FLUGPAUSE
Diese P-51-*Mustang*-Piloten, hier bei einer Pause, gehörten zur in Süditalien stationierten 15. Air Force.

B-24 LIBERATOR
Nach einem weiten Anflug aus Süditalien wirft diese B-24 *Liberator* im Tiefflug Bomben auf die Ölfelder von Ploieti im Süden Rumäniens. Die B-24 war ein schwerer Bomber mit großer Reichweite.

Halterung für Fallschirme

Maschinengewehr

Sack für leere Patronenhülsen

JEEP AM FALLSCHIRM
Der 1940 entwickelte Jeep zählte zu den bekanntesten Kriegsfahrzeugen. Dank seines Vierradantriebs war er geländegängig. Andere amerikanische Jeeps waren so konstruiert, dass sie bei Spezialeinsätzen oder größeren Landungen aus der Luft mit dem Fallschirm abgesetzt werden konnten.

Kopfschutz für Panzertürme und andere Stellungen, in denen ein normaler Helm zu groß gewesen wäre

Helm einer US-Flugzeugbesatzung

Der Jeep konnte 360 kg Ladung transportieren und gleichzeitig eine Panzerabwehrrakete ziehen.

9 kg schwere Flakweste

Stützgestell

Ständer

SCHUTZWESTEN
Solche kugelsicheren Westen trugen amerikanische Flugzeugbesatzungen als Schutz vor Flakbeschuss. Sie wurden 1942 eingeführt und bis 1944 brauchte allein die 8. Air Force 13 500 Stück.

Frauenarbeit

Vor Ausbruch des Zweiten Weltkriegs arbeiteten die meisten Frauen im Haushalt. Als die Männer in den Krieg zogen, mussten die Frauen ihre Arbeiten mit übernehmen. Fast alle Tätigkeiten, die zuvor Männer verrichtet hatten, wurden nun von Frauen ausgeführt. Es gab Busfahrerinnen, Eisenbahnerinnen, Kraftfahrerinnen, Mechanikerinnen, Schiffsbauerinnen und Ingenieurinnen. Manche Frauen engagierten sich im Widerstand, andere ließen sich als Agentinnen in feindliches Gebiet einschleusen. Ohne den Einsatz der Frauen wäre die Kriegsführung nicht möglich gewesen. Infolge des Kriegs änderte sich die Einstellung gegenüber berufstätigen Frauen grundlegend und dauerhaft.

DEUTSCHE MÜTTER
Die Nationalsozialisten idealisierten deutsche Frauen als Mütter der neuen „Herrenrasse". Mütter mit einer größeren Kinderzahl erhielten das Mutterkreuz. Grundsätzlich sollten sie zu Hause bleiben und sich der Kindererziehung widmen.

Mutterkreuz in Silber für 6–7 Kinder

NEUE REKRUTEN
Als immer mehr Männer für den Kampf benötigt wurden, rief man durch Plakate auch Frauen zur Unterstützung der Truppe auf. Dieses Plakat wirbt für den Hilfseinsatz von Frauen bei der deutschen Luftwaffe.

Frau bei der Wartung eines Flugzeugs

LANDFRAUEN
Eine Hauptaufgabe der Frauen während des Kriegs war die Bewirtschaftung der Bauernhöfe und der Anbau von Feldfrüchten. In Großbritannien rekrutierte die Landarmee der Frauen 77 000 Mitglieder, die Arbeiten wie Pflügen und Ernten übernahmen.

FLUGZEUGWARTUNG
Der Mangel an Piloten und Mechanikern führte dazu, dass viele Frauen das Fliegen lernten und Flugzeuge warteten. Sie überführten neue Flugzeuge von Fabriken zu Militärflugplätzen und leisteten wichtige Dienste bei der Instandhaltung von Fluggerät.

FALLSCHIRMNÄHERINNEN
Die Näherinnen machten Überstunden, um der großen Nachfrage nach Fallschirmen bei den Truppen gerecht zu werden. Piloten von Jagdflugzeugen brauchten Fallschirme, um sich aus abstürzenden Flugzeugen retten zu können, und Luftlandeeinheiten benötigten sie für den Absprung in das Kampfgebiet.

NACHTBEOBACHTUNG

Viele Frauen bedienten Suchscheinwerfer, die gegnerische Bomber aufspüren sollten. Sobald sie ein Flugzeug entdeckten, wurde es mit Flugabwehrkanonen (Flaks) beschossen, bevor es die todbringenden Bomben abwerfen konnte. Mitunter stellten Frauen die Flugabwehrgeschütze auf, durften sie aber nicht bedienen. Weitere wichtige Aufgaben bei Nacht waren Straßenpatrouillen weiblicher Luftschutzwarte.

Mit einem Scheinwerfer sucht diese Frau den Himmel nach feindlichen Flugzeugen ab.

BEHÄLTNISSE FÜR GASMASKEN

Da man in Großbritannien auch mit Gasangriffen rechnete, trug jeder eine Gasmaske bei sich. Diese elegante Damenhandtasche hatte ein Extrafach für die Maske. Die meisten Leute transportierten ihre Masken in Kartons, die manchmal mit Stoff bezogen waren.

Fach für die Gasmaske

AUS PFANNE WIRD FLUGZEUG …

Wegen des Mangels an Eisen, Zinn und Aluminium riefen Kriegsplakate Hausfrauen auf, nicht mehr benötigte Haushaltsgegenstände abzugeben. Töpfe und Pfannen wurden eingeschmolzen und zu Flugzeugen verarbeitet. Alteisen fand im Schiffsbau Verwendung, und man trennte alte Wollkleidung auf, um Socken und Schals für die Soldaten stricken zu können.

Bratpfanne, aus Flugzeugmetall hergestellt

… UND UMGEKEHRT

Zerstörte gegnerische Flugzeuge wurden nach dem Krieg „recycelt" und zu Pfannen oder anderen Gegenständen verarbeitet.

„KRIEGSFRAU" ROSIE

Die erfundene „Kriegsfrau" Rosie wurde in den USA zum Symbol der neuen Arbeiterin. Frauen wurden in Fabriken benötigt, um die 16 Mio. Kriegsdienst leistenden Männer zu ersetzen. Zu den neuen Aufgaben amerikanischer Frauen gehörte die Herstellung von Kriegsgerät sowie die Aufrechterhaltung des Eisenbahnverkehrs und anderer Dienste.

Die „Kriegsfrau" Rosie, von Norman Rockwell gemalt (Saturday Evening Post, Mai 1943)

LUFTSCHUTZÜBUNG

In Indien veranlasste die Furcht vor einem Einmarsch der Japaner die Regierung zu Vorsichtsmaßnahmen. Diese Frauen in Bombay führen Luftschutzübungen durch. Andere bereiteten sich als Hilfskräfte für die Kampftruppen im Fernen Osten vor.

Kindheit im Krieg

Eine glückliche, unbeschwerte Kindheit war in Kriegszeiten kaum möglich, denn in den kriegsbeteiligten Ländern waren die Kinder genauso von den Kämpfen betroffen wie ihre Eltern und Großeltern. Häuser und Wohnungen wurden ausgebombt oder brannten nieder, die Väter wurden zum Kriegsdienst eingezogen und die Mütter mussten in Fabriken oder Rüstungsbetrieben arbeiten. In Europa und Ostasien erlebten viele Kinder, wie ihr Heimatland von ausländischem Militär angegriffen und besetzt wurde, in anderen Ländern lebten sie mit der ständigen Angst vor einem Einmarsch feindlicher Truppen. Für eine Gruppe von Kindern brachte der Krieg besonderen Schrecken: für die jüdischen Kinder, die mit ihren Familien von den Nazis in Konzentrationslager verschleppt wurden, in denen die meisten ermordet wurden.

KINDER IN JAPAN
In der Schule wurde den japanischen Kindern die Überlegenheit ihres Landes vermittelt, und sie lernten, dass sie für ihren Kaiser kämpfen müssten. Später wurden militärische Übungen zur Pflicht. Als US-Bomber 1944 fast täglich Angriffe auf Japan flogen, wurden über 450 000 Kinder aus den Städten evakuiert – ob sie ihre Eltern je wiedersehen würden, war unsicher.

Kriegsversion eines beliebten Kartenspiels

ZEITVERTREIB
In den Kriegsjahren gab es Spiele, die das Thema Krieg aufgriffen, z. B. dieses „Evakuierungsquartett". Kartenspiele waren ein beliebter Zeitvertreib für die langen Stunden in Luftschutzräumen.

Halteriemen

Guckloch

Luftfilter

„Mickymaus"-Gasmaske

KINDERMASKEN
Britische Kleinkinder erhielten bunte „Mickymaus"-Gasmasken. Schulkinder wurden aufgefordert, ihre Masken immer bei sich zu tragen, und sie mussten auch das rasche Aufsetzen üben.

Etikett mit Zielort

Diese Kinder warten auf den Transport in ihr neues Zuhause auf dem Land.

Die Kinder durften ihr Lieblingsspielzeug mitnehmen.

STADTKINDER
Überall in der Welt trennte der Krieg Kinder von ihren Familien. In Großbritannien wurden viele Stadtkinder zu Gastfamilien aufs Land gebracht. Manchen gefiel das Landleben, doch die meisten litten unter schlimmem Heimweh.

SPIELZEUG
In Deutschland ergriff die Nazi-Propaganda alle Lebensbereiche, sogar Spielsachen vermittelten das Bild des „Ariers". Den Kindern wurde beigebracht, dass die Deutschen eine „Herrenrasse" und die Juden die „Untermenschen" seien.

FÜR DAS VATERLAND
Als die Deutschen 1941 die Sowjetunion angriffen, wurden viele Kinder zu Waisen und verloren ihr Zuhause. Manche Jugendlichen traten Partisanengruppen bei, um gegen die Deutschen zu kämpfen. Sogar 10-Jährige machten mit, sie überbrachten Botschaften, besorgten Vorräte und unterstützten die Partisanen bei Sabotageakten.

Partisanenjunge in Leningrad, 1943

UNTERGETAUCHT
Wie alle jüdischen Kinder in Deutschland musste auch Anne Frank (1929–1945) die Nazis fürchten. Zwei Jahre lebten sie und ihre Familie versteckt in einem Hinterhaus in Amsterdam. Anne schrieb ein berühmt gewordenes Tagebuch über die täglichen Ereignisse dort. Im August 1944 wurde die Familie verraten und im März 1945 starb Anne im KZ Bergen-Belsen an Typhus.

PAPIERSPIELZEUG
Zu Kriegszeiten waren Spielsachen knapp, da die Rohstoffe für Waffen und Maschinen benötigt wurden. So mussten sich die Kinder mit einfachem Spielzeug aus Karton oder Papier begnügen.

Wilde Tiere aus Papier

Gesundheitspass der Hitler-Jugend

HITLER-JUGEND
1926 wurde der nationalsozialistische Jugendverband mit Abteilungen für Mädchen und Jungen gegründet. Die Mitglieder trugen Uniformen, hielten Paraden ab und besuchten Sommerlager. Ab 1943 mussten Jungen ab 16 Jahren in den Krieg ziehen, die jüngeren wurden in der Landwirtschaft eingesetzt.

ERZWUNGENE FOLGSCHAFT
Anfangs war die Mitgliedschaft bei der Hitler-Jugend (HJ) freiwillig. Doch 1936 wurden alle anderen Jugendverbände aufgelöst und ab 1939 mussten alle 10- bis 18-Jährigen der Hitler-Jugend beitreten.

Der Kampf um den Pazifik

Nach dem Angriff auf Pearl Harbor im Dezember 1941 wollten die Japaner ihren Machtbereich auf ganz Südostasien und die Inseln im Pazifischen Ozean ausdehnen. Bis Mai 1942 waren sie in Birma, Malaya (heute Malaysia), Niederländisch-Ostindien (heute Indonesien), Singapur sowie auf den Philippinen eingefallen und drangen über den Pazifik südwärts nach Australien und ostwärts nach den USA vor. Sie wollten ein großes Reich aufbauen, das ihnen Erdöl und andere wichtige Rohstoffe garantierte, die für den Aufbau ihrer Militärmacht nötig waren. Japan schien unbesiegbar, doch zwei Seeschlachten – in der Korallensee im Mai 1942 und bei Midway (einer Insel im mittleren Pazifik) im Juni 1942 – stoppten den Vormarsch. Der Krieg gegen Japan zog sich mit hohen Verlusten für die amerikanischen Truppen lange hin und beide Seiten hatten zahlreiche Tote zu beklagen.

JAPANISCHE GEBETSFAHNE
Japanische Soldaten hatten im Einsatz Gebetsfahnen bei sich. Freunde und Verwandte schrieben Gebete und Wünsche auf den weißen Hintergrund der japanischen Flagge, nie jedoch auf die rote Sonne, die als heilig galt. Manche Soldaten trugen die Fahnen um den Kopf gewickelt, andere hatten sie in der Tasche.

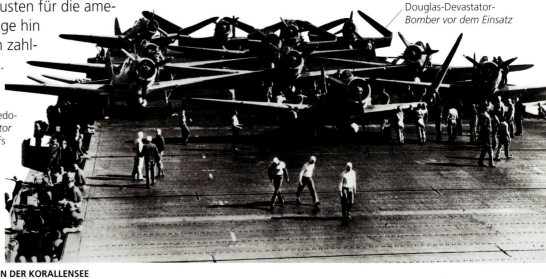

Douglas-Devastator-Bomber vor dem Einsatz

FLUGZEUGTRÄGER
Auf dem Foto rechts werden Torpedobomber vom Typ *Douglas Devastator* an Deck des amerikanischen Schiffs *Enterprise* auf den Einsatz vorbereitet. Die älteren, schwerfälligen Maschinen waren den wendigen japanischen Mitsubishi-A6M-*Zero*-Jagdflugzeugen nicht gewachsen, die bis auf vier Bomber der *Enterprise* alle außer Gefecht setzten.

DIE SCHLACHT IN DER KORALLENSEE
Hier ist ein japanisches Flugzeugwrack in der Korallensee (nordöstlich von Australien) zu sehen. Die Japaner wollten Inselbasen für Luftangriffe gegen Australien einnehmen, doch die amerikanische Flotte stoppte im Mai 1942 ihr Vordringen nach Süden. Es war die erste Seeschlacht, an der nur Flugzeuge teilnahmen, die von Flugzeugträgern aus starteten, die beiden Flotten begegneten sich nicht.

Überreste eines abgeschossenen japanischen Flugzeugs

DER KAMPF UM DIE INSEL GUADALCANAL
Der amerikanische Flugzeugträger *Hornet* geriet bei der Schlacht von Santa Cruz im Oktober 1942 unter schweren Beschuss durch japanische Jagdflugzeuge. Diese Seeschlacht war eine von vielen rund um Guadalcanal (eine Insel der Salomonen östlich von Neuguinea), bei der japanische und amerikanische Verbände um die Einnahme dieser strategisch wichtigen Basis kämpften. Erst im Februar 1943 konnten die Amerikaner die Japaner nach heftigen Gefechten vertreiben.

JAPANISCHE SEXTANTEN
Sextanten waren für die Navigation im Pazifik von größter Bedeutung. Die japanische Marine war die drittgrößte der Welt und besaß 10 Flugzeugträger, 12 riesige Schlachtschiffe, 36 Kreuzer, über 100 Zerstörer und eine starke Marineluftwaffe.

Die Skala zeigte die Breitengrade an.

SELBSTMORDKOMMANDOS
Bei der Schlacht um die Philippinen im Oktober 1944 griffen die Japaner zu einer drastischen Maßnahme: Freiwillige Bomberpiloten stürzten sich mit sprengstoffbeladenen Flugzeugen auf amerikanische Flugzeugträger. Auch bei der Eroberung von Okinawa durch die Amerikaner kamen solche Kamikaze-Flieger zum Einsatz – allein am 6. April 1945 waren es 700.

Einstellbares Okular

Japanischer Sextant zur Ermittlung der geografischen Breite

Horizontspiegel

Kamikaze-Pilot mit einer um den Kopf gewickelten Hachimaki

FLUGMASKE
Japanische Piloten schützten ihr Gesicht mit Ledermasken. Damit sahen sie sehr grimmig aus. Nur wenige japanische Piloten fielen den Alliierten in die Hände, die meisten begingen Selbstmord, um sich nicht ergeben zu müssen.

KAMIKAZE-PILOTEN
Das Wort Kamikaze bedeutet „Götterwind". Manche Piloten meldeten sich freiwillig zu Kamikaze-Flügen, die den sicheren Tod bedeuteten, weil sie es ehrenvoll fanden, für den Kaiser zu sterben. Sie trugen die rituelle Hachimaki der Samurai, der Krieger aus Japans alter Zeit.

Japan im Krieg

Japanische Marine- und Militärflagge

Das japanische Kaiserreich kämpfte im Krieg an drei Fronten: Im Norden versuchten chinesische Truppen ihr Land von den japanischen Besetzern zu befreien. Im Süden und im Osten zogen amerikanische, australische und neuseeländische Truppen von Insel zu Insel, um die japanischen Streitkräfte aus dem Pazifischen Ozean zu verdrängen und um Luftwaffen- sowie Marinestützpunkte in der Nähe Japans einzurichten. Im Südwesten wurde im Urwald Birmas ein „vergessener Krieg" ausgetragen: Dort kämpfte die britische Armee mit den Chindit (einer birmanischen Kampfeinheit) unter Generalmajor Orde Wingate gegen die japanische Armee für die Befreiung Birmas. In all diesen Schlachten waren die Japaner gefährliche Feinde, die bis in den Tod kämpften.

Australische Maschinenpistole

VERTEIDIGUNG AUSTRALIENS
Australische Truppen beteiligten sich am Krieg gegen Japan, da ihr Land von der japanischen Expansion in Südostasien direkt bedroht war. Die Australier spielten 1942 eine wichtige Rolle, als die Japaner Papua-Neuguinea besetzen wollten. Zusammen mit amerikanischen Truppen befreiten sie Neuguinea und andere Inseln.

Ein japanischer Soldat mit der Flagge mit der „aufgehenden Sonne"

TAGESRATIONEN
Britische Truppen im Pazifik und in Südostasien erhielten Lebensmittel-Tagesrationen (oben). Obwohl das Essen nicht besonders gut schmeckte, lieferte es doch genug Energie für einen ganzen Tag.

TREU BIS IN DEN TOD
Mehr als 1,7 Mio. japanische Soldaten verpflichteten sich dem Soldatenkodex von 1942, der auf dem alten Bushido(Krieger)-Kodex der Samurai beruhte. Er besagte, dass die Soldaten ihrem Kaiser absolute Treue erweisen mussten und dass sie der Schmach einer Gefangenschaft den Tod vorziehen sollten. Aus diesem Grund kämpften japanische Soldaten oft bis zum bitteren Ende.

Amerikanisches Feldtelefon

TRAGBARES TELEFON
Sowohl die Soldaten der Alliierten als auch die Japaner benutzten Feldtelefone, um mit ihren Befehlshabern und dem Rest der Truppe in Kontakt zu bleiben. Das rasche Vordringen der Japaner in Südostasien und im Pazifik erforderte gute Kommunikationsmittel. Nur so konnten wichtige Informationen weitergeleitet werden.

BEFREIUNG BIRMAS
Die entscheidende Schlacht um Birma fand auf der Straße zwischen den indischen Städten Kohima und Imphal statt. Die Briten nutzten Imphal als Truppenstützpunkt, nachdem sie im Mai 1942 von den Japanern aus Birma vertrieben worden waren. Die Japaner griffen als Erste an: Sie fielen im März 1944 in Indien ein. Britische und indische Truppen (rechts) setzten sich zur Wehr und schlugen die 80 000 Mann starken japanischen Streitkräfte. Dies war der Auftakt zur Befreiung Birmas im Mai 1945.

BIRMA-SIAM-EISENBAHN
Die Japaner verwendeten von 1942 bis 1943 dieselbetriebene Zugmaschinen, die auf Schienen und Straßen fahren konnten. Mit ihnen bauten sie eine Eisenbahnlinie von Siam (Thailand) nach Birma. Sie sollte zum schnellen Transport durch das riesige südostasiatische Reich dienen.

VORM VERHUNGERN GERETTET
Diese 1945 aus einem japanischen Kriegsgefangenenlager in Indonesien befreiten Niederländer hatten Glück, denn etwa ein Viertel der 103 000 australischen, amerikanischen, britischen und niederländischen Soldaten, die von Japanern gefangen genommen wurden, starben in den Lagern. Asiatische Gefangene mussten noch mehr leiden – mindestens 100 000 kamen beim Bau der Birma-Siam-Eisenbahn um.

BRÜCKENSPRENGUNG
Die 415 km lange Birma-Siam-Eisenbahn verlief durch Urwald, Gebirge und entlang des Flusses Kwai Noi. Eisenbahnbrücken (oben) wurden von Kriegsgefangenen gebaut. Britische Bomber, die in Indien stationiert waren, zerstörten diese Brücken immer wieder, um den Vormarsch der Japaner aufzuhalten.

Improvisierte Brille und Kamm

Das amerikanische Denkmal zeigt Marinesoldaten beim Hissen der Flagge auf dem Berg Suribachi (Iwo Jima).

FLAGGE AUF IWO JIMA
Im Februar 1945 stürmte die US-Marine Iwo Jima, eine Insel südlich von Japan. Die Japaner verteidigten die Insel bis zum Letzten – von 21 000 Soldaten überlebten nur 216. Nach eigenen schweren Verlusten bei Iwo Jima und auf Okinawa begannen die USA japanische Großstädte zu bombardieren und warfen schließlich zwei Atombomben auf Hiroshima und Nagasaki.

VON JAPANERN GEFANGEN
Kriegsgefangene der Japaner mussten Alltagsgegenstände selbst herstellen, da sie fast nichts bekamen. Die Japaner zeigten kaum Rücksichtnahme gegenüber den Kriegsgefangenen: Viele mussten sich beim Bau von Eisenbahnen, Straßen und Brücken zu Tode arbeiten.

Die Schlacht im Atlantik

Während des Kriegs tobte ein erbitterter Kampf zwischen den Deutschen und den Alliierten in den eisigen Gewässern des Nordatlantiks. Sobald Seeleute der Alliierten wichtigen Nachschub von den USA in britische Häfen transportieren wollten, griffen deutsche U-Boote und Zerstörer an. Die deutsche Marine war im Vergleich zur Seestreitmacht der Alliierten eher klein, aber die U-Boot-Flotte konnte großen Schaden anrichten. Zunächst behielten die U-Boote die Oberhand und versenkten 1941 allein in den ersten vier Monaten 2 Millionen Tonnen und 1942 noch einmal 5,4 Millionen Tonnen Schiffsfracht der Alliierten. Der verstärkte Einsatz von Begleitschiffen, Patrouillen von Langstreckenflugzeugen, U-Boot-Abwehrschiffen und verbesserter Radartechnik machte die deutschen U-Boote immer verwundbarer. Mitte 1943, als in nur drei Monaten 95 U-Boote versenkt werden konnten, wendete sich das Blatt zugunsten der Alliierten und der Atlantik wurde für Schiffe wieder sicherer.

GÄRTNERN FÜR DEN SIEG
Die Einfuhr von Lebensmitteln war durch den Krieg erschwert. Um die Versorgung mit Obst und Gemüse sicherzustellen, wurde in Großbritannien eine Kampagne gestartet, die zum Gemüseanbau aufrief. Fast jeder Fleck fruchtbaren Landes, auch Blumengärten und Parks, wurden in Gemüsegärten verwandelt.

An Bord waren 88 Kanonen – 20 Fern- und 68 Luftabwehrgeschütze.

VERSENKUNG DER *BISMARCK*
Die *Bismarck* war eins der größten Schlachtschiffe der deutschen Marine und galt als unsinkbar. Das Schiff stach am 18. Mai 1941 vom Ostseehafen Gdingen aus in See. In weitem Bogen umfuhr es Island und versenkte das britische Schiff *Hood*. Am 27. Mai wurde die *Bismarck* von einer britischen Flotte aufgebracht und zerstört. Von den 2222 Besatzungsmitgliedern überlebten nur 115.

Periskop
Ein- und Ausstiegsluke
Hauptsteuerrad
Sitz des Steuermanns
Sitz des Kapitänleutnants

IN EINEM KLEINST-U-BOOT
Das britische Kleinst-U-Boot *X-Craft* hatte vier Mann Besatzung und erfüllte Sondermissionen im Atlantik. Im September 1943 setzte ein U-Boot dieses Typs mit Sprengladungen das deutsche Schlachtschiff *Tirpitz* vor der norwegischen Küste außer Gefecht. Die *Tirpitz* hatte versucht, den Schiffsverkehr zwischen Großbritannien und Russland zu behindern.

Tank mit destilliertem Wasser
Holzboden
Automatische Tiefensteuerungsanlage
Gestell für Sauerstoffflaschen
Süßwassertank

Periskop

U-BOOT BIBER
Mit zwei Torpedos ausgestattete deutsche Kleinst-U-Boote vom Typ *Biber* waren zwischen 1944 und 1945 vor den Küsten Nordfrankreichs und der Niederlande im Einsatz. Die *Biber* griffen im Ärmelkanal Frachtschiffe der Alliierten an, die ihre Truppen in Westeuropa versorgten.

Beobachtungskuppel
Ankerauge
Sprengkopf

„Wir alle salutierten, blickten zur Flagge und sprangen... Im Wasser wurden wir zusammengetrieben, während wir immer wieder auf- und abtauchten."

Burkhard Freiherr von Müllenheimrechberg, Überlebender von der *Bismarck*

BLICK DURCHS PERISKOP
Durch das Periskop beobachtete die U-Boot-Besatzung die Schiffe der Alliierten. Aus dieser Position heraus konnten sie die Ziele für ihre Torpedos aussuchen. So dicht unter der Wasseroberfläche waren die U-Boote aber leicht von der Luft aus zu orten, sodass viele von alliierten Flugzeugen zerstört wurden.

Ein U-Boot-Offizier beobachtet durch ein Periskop feindliche Schiffe.

Das Schiff war 251 m lang.

Die Kanone ist bereit zum Schuss auf feindliche Schiffe und U-Boote.

ANGRIFF!
Dieses deutsche U-Boot wurde von der amerikanischen Marine angegriffen. Unter Wasser waren die U-Boote der Gefahr von Wasserbomben ausgesetzt, die die Alliierten abwarfen. An der Wasseroberfläche wiederum riskierten sie Angriffe mit Bomben, Torpedos oder Granaten und in flachen Gewässern waren sie durch Minen gefährdet. Von den knapp 1200 deutschen U-Booten überstand noch nicht einmal die Hälfte den Krieg.

Ein Seemann an Bord eines Schlachtschiffs hält Ausschau nach feindlichen Flugzeugen.

Torpedo

Ruder

Propeller

ATLANTIK-KONVOI
Einzelne Handelsschiffe waren im Nordatlantik stets der Gefahr eines U-Boot-Angriffs ausgesetzt. Aus diesem Grund fuhren sie in Konvois, begleitet von Schlachtschiffen und, wenn möglich, Flugzeugen. Da die Konvois nur so schnell vorankamen wie das langsamste Schiff, war die Durchquerung des Nordatlantiks ein gefährliches Unterfangen.

Stalingrad

1941 marschierten deutsche Truppen in die Sowjetunion ein. Sie drangen in drei Richtungen vor: nordwärts in Richtung Leningrad, ostwärts nach Moskau und südwärts zu den Weizenfeldern und Ölquellen der Ukraine und des Kaukasus. Um im Süden erfolgreich sein zu können, mussten die Deutschen Stalingrad an der Wolga einnehmen. Für Hitler spielte auch eine Rolle, dass die Stadt nach dem sowjetischen Staatschef, Stalin, benannt war. Aus dem gleichen Grund wollte Stalin sie auf keinen Fall verlieren. Es entbrannte eine erbitterte Schlacht um Stalingrad. Die Niederlage der Deutschen und ihre Kapitulation Anfang 1943 markierten einen Wendepunkt im Krieg. Die deutsche Armee galt nun nicht mehr als unschlagbar.

Deutsches Panzerabzeichen in Bronze

EISIGER WINTER
Der Krieg in der Sowjetunion wurde für beide Seiten durch den russischen Winter erschwert. Die deutschen Soldaten waren nicht auf die extreme Kälte eingerichtet. Die Russen dagegen waren an Kälte gewöhnt und besser ausgerüstet: mit weißer Tarnkleidung, warmer Unterwäsche, Pelzmützen und Fellstiefeln.

WAFFEN DER ROTEN ARMEE
Für die Rote Armee wurden im Krieg Tausende Maschinenpistolen wie diese PPSh-1941 produziert. Sie waren günstig herzustellen und eigneten sich gut für den Nahkampf.

Abzug — *Vorderer Handgriff* — *Visier*

Sowjetische Maschinenpistole — *Handgriff* — *Schulterstütze*

STANDARDWAFFE
Die halbautomatische Pistole Tokarev TT33, 1933 entwickelt, war die Standardwaffe sowjetischer Offiziere, Flieger und Panzerschützen.

HANDGRANATEN
Die Sowjets versuchten den Feind auf dem Weg nach Stalingrad mit Handgranaten zu stoppen. Verwundete Soldaten mussten manchmal vor dem Wurf den Sicherungsstift mit den Zähnen herausziehen.

SCHLACHT BEI STALINGRAD
Der Kampf um Stalingrad begann im August 1942. Die deutsche 6. Armee griff die Stadt von Westen her an und drängte die Verteidiger bis an die Wolga zurück. Die Sowjets starteten am 19. November einen Gegenangriff und kesselten bald die 6. Armee ein. Die Deutschen versuchten, sich zurückzuziehen, wurden aber am 2. Februar 1943 zur Aufgabe gezwungen.

SCHUSSBEREIT
Deutsche und Sowjets kämpften um jedes einzelne Haus in Stalingrad. Manchmal belagerten beide Seiten sogar verschiedene Stockwerke im gleichen Gebäude. Oft kam es zu Nahkämpfen, und sobald ein Gegner auftauchte, wurde aus dem Hinterhalt auf ihn geschossen.

REITEREI
Die Infanterie der Roten Armee wurde von Kavalleriedivisionen unterstützt, die an der Frontlinie sehr rasch vorankamen. Beide Seiten hatten Pferde, die Geschütze und Waggons mit Ausrüstung zogen. Im Winter jedoch kamen die Pferde im tiefen Schnee schlecht voran.

Schwerter schwingende Kavalleristen der Roten Armee

Der T-34 erhielt nach 1943 eine 85-mm-Kanone.

Die deutschen Soldaten litten unter dem harten Winter.

ÜBERLEGENER PANZER
Der 1939 entworfene sowjetische Panzer T-34 war die wichtigste Stütze der Roten Armee. Zwischen 1941 und 1945 wurden 39 698 Stück gebaut. Der Panzer hatte zunächst vier Mann Besatzung – einen Kommandanten, einen Schützen, einen Lader und einen Fahrer. Im T-34/85 kam ein weiterer Schütze hinzu. Mit einer Höchstgeschwindigkeit von 51 km/h konnte der T-34 ohne Nachtanken 400 km zurücklegen. Deutsche Panzer waren langsamer und hatten eine geringere Reichweite.

DIE OPFER
Nach den Kämpfen um Stalingrad wurden rund 91 000 deutsche Soldaten gefangen genommen. Die Kämpfe hatten auf beiden Seiten Hunderttausende Soldaten das Leben gekostet, außerdem kamen ungezählte Zivilisten um. Erstaunlicherweise überlebten etwa 10 000 Einwohner Stalingrads inmitten der verheerenden Kämpfe.

Die Kanone befand sich im drehbaren Turm.

Der Dieselmotor funktionierte auch bei grimmiger Kälte.

Strohstiefel deutscher Wachposten in der Sowjetunion

32 514 kg (32,5 t) Gesamtgewicht

ERFRIERUNGEN
Deutsche Soldaten in der Sowjetunion stellten Schneestiefel aus Stroh her, doch auch diese halfen in der bitteren Kälte kaum gegen Erfrierungen. Ihre Kleidung schützte nur unzureichend und die harten Lederstiefel waren zu eng für mehrere Paar Socken und so porös, dass sie die Feuchtigkeit nicht abhielten.

Die breiten Ketten waren für den weichen, unebenen Boden ideal.

In der Sowjetunion

Die Sowjetunion war vom Krieg stark gezeichnet. Obwohl sich das Land fast zwei Jahre darauf vorbereitet hatte, war nicht abzusehen, welches Ausmaß die Kämpfe annehmen würden. Um die Industrieanlagen vor feindlichen Angriffen zu schützen, wurden 1500 komplette Fabriken Hunderte von Kilometern ostwärts über den Ural verlegt. Ihnen folgten 6 Millionen Arbeiter. Viele Russen wurden von den Deutschen zur Zwangsarbeit herangezogen und kamen in Arbeitslagern um. Insgesamt starben 20 Millionen Sowjetbürger. Trotzdem tat die Zivilbevölkerung alles, um das Land zu retten. Der Krieg wurde später in der Sowjetunion auch als „Großer Vaterländischer Krieg" bezeichnet.

WIDERSTANDSKÄMPFER
Plakate forderten in den von Deutschen besetzten Gebieten lebende Sowjetbürger auf, sich den Partisanen anzuschließen und „den Feind gnadenlos zu schlagen". Die Partisanengruppen versuchten, deutsche militärische Einrichtungen zu zerstören.

Bürger Leningrads beim Verlassen ihrer von den Deutschen ausgebombten Häuser

 Roter Stern
 Rotes Banner

AUSZEICHNUNGEN
Die wichtigsten Auszeichnungen für sowjetische Soldaten waren „Held der Sowjetunion" und die Orden des Roten Banners und des Roten Sterns. Stalin führte außerdem den Kutusow- und den Suworow-Orden ein, benannt nach siegreichen Feldmarschällen aus dem 19. Jh.

GEFRORENES WASSER
Im Winter 1941 fiel die Temperatur in Leningrad auf −40 °C. Die Einwohner mussten Schnee und Eis auftauen, damit sie Wasser hatten. Ein Einheimischer erinnerte sich: „Wir konnten uns nicht waschen, da unsere Kräfte nur noch zum Herbeischaffen von Trinkwasser ausreichten."

DIE BELAGERUNG LENINGRADS
Die längste Belagerung erlebte Leningrad. Unterstützt von finnischen Truppen umstellten die Deutschen die Stadt im September 1941 (1939/1940 hatte Finnland den „Winterkrieg" gegen die Sowjets verloren und nahm danach auf deutscher Seite am Krieg teil). Die Deutschen warfen mehr als 100 000 Bomben und 200 000 Granaten auf Leningrad. Obwohl Hunderttausende Zivilisten umkamen, konnten sie die Stadt nicht erobern. Die Belagerung wurde nach 890 Tagen im Januar 1944 von der Roten Armee beendet.

Gemüseernte auf einem Friedhof in Leningrad

ESSEN FÜR DIE STADT
Während der Belagerung Leningrads litten die Bewohner v. a. unter Kälte und Hunger. Jede freie Fläche wurde zum Anbau von Gemüse genutzt, doch blieb die Rationierung während der Belagerung sehr streng. 630 000 Zivilisten starben an Unterernährung und Erfrierungen.

Die Metrostation Majakowskij in Moskau diente als Luftschutzraum.

ANGRIFF AUF MOSKAU
Als im Oktober 1941 deutsche Truppen Moskau angriffen, suchten viele Zivilisten in Metrostationen Zuflucht. Andere versuchten zu fliehen. Den Deutschen gingen jedoch die Vorräte aus und der strenge Winter bereitete ihnen Probleme. Im Dezember 1941 starteten die Sowjets einen Gegenangriff und die Deutschen mussten ihre Truppen abziehen. Moskau war gerettet.

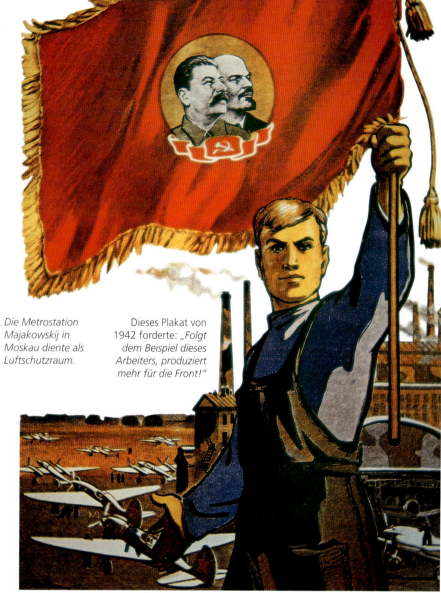
Dieses Plakat von 1942 forderte: „Folgt dem Beispiel dieses Arbeiters, produziert mehr für die Front!"

PRODUZIERT MEHR!
Auf diesem Plakat ist zwar ein Mann zu sehen, doch über die Hälfte der sowjetischen Arbeiterschaft war weiblich. Die sowjetische Zivilbevölkerung spielte eine große Rolle bei der Niederschlagung Hitlers. Sie arbeitete hart, um die Produktion von Kriegsgerät zu erhöhen.

HECKENSCHÜTZEN
Zu den Kriegshelden zählten auch die Heckenschützen der Roten Armee, die Feinde einzeln erschießen sollten. Den Heckenschützen von Stalingrad wurde nach 40 tödlichen Schüssen der Titel „Edelschütze" verliehen.

Sowjetisches Heckenschützen-Gewehr

Handschutz aus Holz

Visier

MOLOTOWCOCKTAIL
Im Krieg gegen die Russen warfen finnische Soldaten selbst gemachte Benzinbomben auf Panzer. Sie nannten sie Molotowcocktails – nach Wjatscheslaw Molotow (1890–1986), den sie als Kriegstreiber sahen.

Finnische Lahti L 39 (20 mm) zur Panzerabwehr

Hölzerne Wangenstütze

Rückschlaghinderer aus Gummi

DER „WINTERKRIEG"
Nachdem Deutschland in Polen eingefallen war, wollte die Sowjetunion ihre Westgrenze sichern. Im November 1939 griff die Sowjetarmee Finnland an. Die Finnen wehrten sich, mussten im März 1940 jedoch einen Friedensvertrag unterzeichnen und den Verlust von Land hinnehmen. Die Sowjets verloren über 80 000 Soldaten, die Finnen 25 000. Darin zeigte sich die Schwäche der Roten Armee.

Kämpfe in der Wüste

Im Juni 1940 trat Mussolinis Italien aufseiten Deutschlands in den Krieg ein und griff im September von seiner Kolonie Libyen aus Ägypten an. Nach einigen Monaten hatte die britische Armee die Italiener geschlagen und 130 000 Soldaten gefangen genommen. Durch den Zusammenbruch des italienischen Verbündeten alarmiert, begann Deutschland im Februar 1941 mit der Entsendung von Truppen nach Nordafrika. Fast zwei Jahre hielten die Kämpfe in der Wüste an, bevor die britische 8. Armee im November 1942 den Sieg über das Deutsche Afrikakorps bei El Alamein errang. Im selben Monat landeten britische und amerikanische Truppen in Algerien und Marokko. Im Mai 1943 wurden das Afrikakorps und seine italienischen Verbündeten zur Aufgabe gezwungen. Die Alliierten konnten sich nun wieder auf Europa konzentrieren.

LISTIGER WÜSTENFUCHS
Generalfeldmarschall Erwin Rommel (1891–1944, links außen), Befehlshaber des Deutschen Afrikakorps, war als „Wüstenfuchs" bekannt, weil er es verstand, die Schwachpunkte der Gegner geschickt für sich zu nutzen. Rommel war sogar bei den Briten angesehen, weil er Gefangene gut behandelte. 1944 schloss er sich dem Widerstand an und wurde später von Hitler zum Selbstmord gezwungen.

SCHLACHT VON TOBRUK
Der Mittelmeerhafen Tobruk im Osten Libyens war Schauplatz der heftigsten Kämpfe im Wüstenkrieg. Die Stadt wurde seit Anfang 1941 von den Engländern gehalten. Nach längerer Belagerung konnten die Deutschen sie im Juni 1942 erobern, mussten sie bei ihrem Rückzug im November 1942 aber wieder aufgeben. Hier eine Filmszene.

Britische Soldaten rücken im Sand bei El Alamein vor.

SCHLACHT VON EL ALAMEIN
Im Oktober 1942 erreichte das Deutsche Afrikakorps El Alamein, eine wichtige Küstenstadt, das Tor nach Ägypten und zum Suezkanal (einer Wasserstraße zwischen dem Mittelmeer und dem Roten Meer). Hier traf das Afrikakorps auf die britische 8. Armee, die nach einer 12 Tage anhaltenden erschöpfenden Infanterie-, Panzer- und Artillerieschlacht siegte. Dieser Sieg stellte einen Wendepunkt im Krieg dar.

Deutsche Antipanzermine

Britisches Minensuchgerät

MINENALARM
Um El Alamein legten die Kriegsgegner Minen aus. Als Panzer und Infanterieverbände die Minenfelder zu umgehen versuchten, kamen viele Soldaten um. Zwar explodierten viele Minen während des Kriegs, dennoch sind bis heute scharfe Minen im Sand vergraben.

BEOBACHTUNGSPOSTEN IN LIBYEN
Hier verwendet ein Soldat des 1941 gegründeten Deutschen Afrikakorps „Eselsohr-Ferngläser" zum Ausspähen des Feinds. Das Afrikakorps wurde zwar von Rommel gut geführt, doch war es auf Nachschub über das Mittelmeer angewiesen – und dieser wurde von den Briten behindert.

LANDUNG AUF SIZILIEN
Das Foto zeigt alliierte Truppen, die nach der Landung auf Sizilien im Juli 1943 Fahrzeuge und Nachschub an Land bringen. Die deutsche Niederlage in Nordafrika hatte ihnen den Weg nach Europa frei gemacht, doch sie wagten noch keinen direkten Angriff auf die Deutschen. Stattdessen entschlossen sie sich zur Einnahme Italiens, in der Hoffnung, das Land aus dem Krieg zu drängen.

HILFE VOM COMMONWEALTH
Kavalleristen aus Neuseeland und andere Spezialeinheiten in Nordafrika trugen arabische Tücher, um die Hitze besser zu ertragen. Der britischen 8. Armee gehörte auch ein Maori-Bataillon aus Neuseeland an, das sich in Nordafrika und Italien einen Namen machte.

Das Tuch schützte vor Sand und Sonne.

SIEGREICHE RATTEN
Die britische 8. Armee in Nordafrika unterstand Feldmarschall Montgomery (1887–1976, oben), der einen guten Blick fürs Detail und v. a. für die Moral in seiner Truppe hatte. Er führte seine Armee zum Sieg bei El Alamein. Die Soldaten einer Armeeabteilung, der 7. Panzerdivision, trugen den Beinamen „Wüstenratten".

Die Besatzung bestand aus sechs Mann.

Tarnfarbe für den Wüsteneinsatz

MONTYS PANZER
Montgomery (oben) hatte einen eigenen Panzer, einen amerikanischen Grant M3A3. Er setzte ihn zur Erkundung in Nordafrika und später auch auf Sizilien und dem italienischen Festland ein.

Propaganda und Moral

Für die Kriegsführung war neben den Waffen auch die Propaganda (Werbung für Ideen) wichtig, denn die Achsenmächte wie auch die Alliierten mussten das eigene Volk davon überzeugen, dass der Krieg richtig sei und dass ihre Seite gewinnen werde. Joseph Goebbels, der deutsche Reichsminister für Volksaufklärung und Propaganda, drückte es so aus: „Eine gute Regierung kann ohne gute Propaganda nicht überleben." Die Grenze zwischen Wahrheit und Propaganda war verwischt: Die öffentliche Meinung wurde manipuliert, um die Moral der Zivilbevölkerung zu Hause und der Streitkräfte im Ausland zu heben. Es gab auch Versuche, die Moral der Gegner zu brechen. Zur Beeinflussung der Menschen wurden Filme, Radiosendungen, Flugblätter und Plakate eingesetzt, während Künstler durch die Welt reisten, um für die an Heimweh leidenden Soldaten zu singen.

HITLER, DER FÜHRER
Für Hitlers Erfolg war die Propaganda besonders wichtig. Sie stellte ihn, oft von Bewunderern umringt, als großen Staatsmann und Führer dar, der seinem Volk zur Weltherrschaft verhelfen würde.

Britische Flieger laden Propaganda-Flugblätter.

ROSE VON TOKIO
Iva Toguri D'Aquino, bekannt als „Rose von Tokio", war die einzige US-Bürgerin, die des Landesverrats angeklagt und freigesprochen wurde. Nach Kriegsbeginn konnte sie von einem Japanbesuch nicht zurückkehren und arbeitete für eine japanische Rundfunksendung. Rund ein Dutzend Sprecherinnen sendeten auf Englisch meist antiamerikanische Propaganda. Die US-Soldaten gaben ihnen den Spitznamen „Rose von Tokio". Nach dem Krieg wurde Frau D'Aquino zu 10 Jahren Haft verurteilt und 1977 von US-Präsident Ford begnadigt.

ABWURF VON PROPAGANDAMATERIAL
Die Antinazi-Flugblätter auf dem Foto sollen von einem britischen Flugzeug über Wien und Prag abgeworfen werden. Während des Kriegs warfen die Briten und Amerikaner fast 6 Mrd. Flugblätter über besetzten Gebieten ab. Manche richteten sich an Zivilisten und warnten vor der Zusammenarbeit mit dem Feind. Andere forderten die Soldaten auf, Befehle zu verweigern oder sich zu ergeben.

Mit dem Schirm wird ein britischer Soldat karikiert.

Deutsche Armbinde

Japanische Uniform und Abzeichen

BRITEN RAUS!
Die Briten sind Zielscheibe dieser italienischen Karikatur von 1942. Die Italiener wollten aus dem Mittelmeer ein „Italienisches Meer" machen und deshalb die Briten aus Nordafrika vertreiben. Die Karikatur zeigt auch, wie Deutsche und Japaner die Briten aus Europa bzw. Asien drängen.

Französische Trikolore

Britischer Union Jack

ALLIIERTENMACHT
Die einfachsten Bilder waren oft am wirkungsvollsten. Dieses amerikanische Plakat von 1943 ist ein Beispiel dafür: Es zeigt die vier alliierten Nationen, wie sie das Hakenkreuz zerreißen. Der ständige Hinweis, dass die Alliierten gemeinsam die Achse sprengen könnten, trug viel dazu bei, die Moral auch in schwierigen Zeiten zu heben.

Stars and Stripes der USA

Hammer und Sichel der Sowjetunion

Vera Lynn verteilt Autogramme an niederländische Matrosen.

SAMURAI-ZERSTÖRER
Dieses Plakat feierte die Macht der Achse, nachdem Japan zwei britische Schlachtschiffe versenkt hatte. Japan, hier als Samurai dargestellt, zerstörte die *Prince of Wales* und die *Repulse,* die im Dezember 1941 vor Singapur lagen.

KRIEGSHELFER AUS DEN USA
Auf einem chinesischen Flugblatt von Anfang 1945 stand: „Dieser amerikanische Pilot holte Japaner vom chinesischen Himmel … er und seine chinesischen Kameraden brauchen deine Hilfe, wenn sie verletzt oder hungrig sind." So sollte einfachen Leuten gezeigt werden, wer China freundlich gesinnt war.

UNTERHALTUNG FÜR DIE SOLDATEN
Die britische Sängerin Vera Lynn gehörte zu den Künstlern, die vor Soldaten auftraten, um die Moral zu heben. Beliebt waren damals sentimentale Lieder, die das Gemüt beruhigten und den Soldaten die baldige Heimkehr in Aussicht stellten.

Der Holocaust

Von den vielen Schrecken des Kriegs war der Holocaust – der Versuch der Nazis, die europäischen Juden zu vernichten – der furchtbarste. Die Nazis waren antisemitisch (gegen Juden) eingestellt. Sie trieben die Juden zusammen und brachten sie in Konzentrationslager (KZ), in denen viele starben. Andere wurden gezwungen, in Gettos zu leben. Als Russland 1941 angegriffen wurde, fielen Millionen dort lebender Juden in die Hände der Nazis. Die Nazis beschlossen für das, was sie als „Judenfrage" betrachteten, eine sogenannte „Endlösung": Sie errichteten Vernichtungslager, wo die Juden systematisch umgebracht wurden. Niemand weiß genau, wie viele auf diese Weise umkamen, wahrscheinlich sind es über 6 Millionen.

JUDENHASS
Dieses Plakat von 1937 wirbt für die Ausstellung „Der ewige Jude" in München. Mit solchen Mitteln schürten die Nazis den Judenhass. Jüdische Geschäfte wurden von ihnen schon ab 1933 boykottiert. 1935 verabschiedeten sie die Nürnberger Gesetze, die den Juden viele Bürgerrechte nahmen.

ERSTE EINDRÜCKE
Viele Juden, die ins Lager kamen, dachten, sie würden zum Arbeitseinsatz nach Osteuropa gebracht. Man ließ sie glauben, die Gaskammern seien Duschen.

WARSCHAUER GETTO
Die 445 000 Juden von Warschau (Polen) wurden in ein ummauertes Getto getrieben. Dort starben viele an Krankheiten oder Unterernährung und Hunderttausende wurden in Vernichtungslager gebracht. 1943 griffen die Nazis das Getto mit Panzern und Flugzeugen an, um es zu zerstören. Die Juden wehrten sich, doch nur 100 konnten entkommen.

Im Warschauer Getto wurden die Juden zusammengetrieben.

DER DAVIDSTERN
Ab 1942 mussten alle Juden in Deutschland und in den von Deutschen besetzten Gebieten als Erkennungszeichen einen gelben Stern an der Kleidung tragen.

VERNICHTUNGSLAGER
Die Nazis errichteten Konzentrationslager, in denen sie Juden, Kommunisten, politische Gefangene, Sinti und Roma, Homosexuelle und andere „unerwünschte" Personen festhielten. Viele wurden zu Zwangsarbeit herangezogen. 1942 wurden acht Vernichtungslager, darunter Auschwitz (unten) und Treblinka in Polen, mit Gaskammern ausgestattet, in denen die Juden ermordet wurden.

Das Konzentrationslager Auschwitz in Polen ist heute eine Gedenkstätte des Holocaust.

KREMATORIEN
Den Leichen schnitt man das Haar ab und entfernte Schmuck und Zahngold, bevor man sie verbrannte. Die Krematorien wurden von Mitgefangenen betrieben. In Auschwitz rebellierte eine Gruppe Gefangener dagegen und sprengte ein Krematorium.

GIFTGASDOSE
Diese leere Dose könnte einem Häftling als Essgeschirr gedient haben. Sie enthielt ursprünglich Giftgaskristalle für die Gaskammern.

Ein ungarischer Jude, der das KZ Bergen-Belsen überlebte

Auf Bahren wurden die Leichen in die Öfen gelegt.

SCHLIMME ZUSTÄNDE
Die Zustände in den Lagern waren katastrophal. Es gab wenig Essen und wer arbeitsfähig war, musste 12 Stunden täglich schuften. Misshandlungen der Häftlinge waren an der Tagesordnung. Berüchtigt war der Arzt Josef Mengele in Auschwitz, der grausame Versuche an Gefangenen durchführte.

DIE SCHRECKLICHE WAHRHEIT
Auf dem Bild führen alliierte Soldaten Einheimische durch ein KZ, um ihnen die Gräuel zu zeigen, die im Namen des Nationalsozialismus geschehen waren. Als die Lager befreit wurden, wurde der wahre Schrecken des Holocaust erst richtig deutlich.

Festgenommene SS-Aufseherinnen in Bergen-Belsen

BESTRAFUNG DER AUFSEHER
Für die Soldaten, die die Lager befreiten, war die grausame Wirklichkeit kaum zu ertragen. Als US-Soldaten im April 1945 das KZ Dachau stürmten, erschossen sie 122 SS-Aufseher auf der Stelle. Verantwortliche SS-Offiziere wurden später für Verbrechen gegen die Menschlichkeit angeklagt.

Invasion Frankreichs

Am frühen Morgen des 6. Juni 1944 (dem sogenannten D-Day) fand an der Küste der Normandie in Frankreich das größte Landungsunternehmen der Geschichte statt. Die „Operation Overlord", wie die Landung der Alliierten genannt wurde, war das Ergebnis jahrelanger Planung. Mehr als 150 000 amerikanische, britische und kanadische Soldaten wurden über den Ärmelkanal transportiert, um fünf Brückenköpfe zu errichten. Die Invasion musste beinahe wegen schlechten Wetters abgebrochen werden, doch der Oberbefehlshaber der Alliierten, General Dwight D. Eisenhower (1890–1969), scheute das Risiko nicht. Die Deutschen erwarteten eine Invasion weiter östlich und hatten dort Vorkehrungen getroffen. Bis zum Abend waren die Brückenköpfe gesichert. Die Verluste – 2500 Soldaten – waren für ein so großes Unternehmen relativ klein geblieben. Die Befreiung Europas hatte begonnen.

GEHEIME POSTKARTEN
Die Geheimdienste der Alliierten verwendeten Postkarten aus der Normandie, um sich vor der Invasion ein Bild von der Küste zu machen. Andere Informationsquellen waren Landkarten, Luftbilder und die Kenntnisse von Spionen.

„Sword" – Codename für eine der Landungszonen

LANDUNGSZONE „SWORD"
Diese Geheimdienstkarte des Bereichs um „Sword" zeigt alle Landschaftsmerkmale. „Sword" war die östlichste Landungszone und wurde wie die benachbarten Zonen „Juno" und „Gold" von britischen und kanadischen Einheiten gestürmt. Amerikanische Truppen landeten an den westlichen Zonen „Omaha" und „Utah".

ANGRIFF VON OBEN
Am frühen Morgen der Invasion landeten amerikanische Fallschirmjäger hinter der Landungszone „Utah", um wichtige Stellungen zu sichern. Zeitgleich landeten britische Fallschirmjäger hinter „Sword", wo sie eine deutsche Batterie zerstörten.

DIE „OMAHA"-INVASION
Die schwierigste der fünf Landungszonen war „Omaha". Sie war von hohen Klippen umgeben und bot nur wenige Wege landeinwärts, deshalb war sie gut zu verteidigen und schwer einzunehmen. Bis zum Anbruch der Nacht hatten die US-Truppen einen Brückenkopf von 3 km Länge errichtet.

KLAPP-MOTORRAD
Hinter den feindlichen Linien wurden Klapp-Motorräder abgeworfen, um Transportmittel für die Luftlandeeinheiten bereitzustellen.
Ihre Höchstgeschwindigkeit betrug 48 km/h, ihre Reichweite 144 km.

Abnehmbarer Lenker

Mechanismus zum Ausfahren des Sattels

Benzinmotor

Britisches Welbike-Motorrad

SCHWIMMENDE HÄFEN
„Wenn wir keinen Hafen erobern können, müssen wir einen mitnehmen", sagte ein britischer Marineoffizier. Daraufhin wurden in Großbritannien zwei schwimmende Häfen gebaut. Es waren riesige Fahrbahnen aus Stahl, die vor den Landungszonen „Gold" und „Omaha" zusammengesetzt wurden.

AN DER LANDUNGSZONE
Dieser Blick auf „Omaha" am Tag nach der Landung zeigt, wie Fahrzeuge, Panzer und Soldaten an Land gebracht werden. Nachdem die erste Welle von Soldaten gelandet war, sicherten sie die Landungszone so gut wie möglich vor feindlichen Angriffen. Erst danach wurden die Schiffe entladen.

Sperrballons zum Schutz vor Angriffen aus der Luft

Mörsergranate

EXPLOSIVE AUFGABE
Kurz nach der Landung begannen die Soldaten landeinwärts vorzustoßen, wo sie auf Heckenschützen, Panzer und Festungsanlagen stießen. Bis Ende Juli hatten die Alliierten fast 1 Mio. Männer nach Frankreich gebracht und drangen in Richtung Paris vor.

Die Befreiung

Die Befreiung Europas von deutscher und italienischer Herrschaft war langwierig. Nach dem Gegenschlag sowjetischer Truppen bei Stalingrad im November 1942 hatte die Rote Armee die deutschen Streitkräfte langsam westwärts aus Russland herausgedrängt. Die polnische Grenze wurde erst im Januar 1944 überquert und die Kämpfe auf dem Balkan zogen sich bis 1945 hin. Schleppend verlief auch die Befreiung Italiens, während die Befreiung Frankreichs erst im Juni 1944 begann. Dänemark, Norwegen sowie Teile der Niederlande und Österreich blieben bis zur deutschen Kapitulation im Mai 1945 unter Naziherrschaft. In Asien wurden den Japanern bis Kriegsende die Philippinen, der größte Teil Birmas sowie einige Inseln abgerungen. Überall musste man sich nun auf ein neues Leben einrichten, das anfangs vom Tribut, den der Krieg gefordert hatte, beeinträchtigt war.

Soldaten in den Trümmern der Abtei Montecassino

DIE BEFREIUNG VON PARIS
Paris war seit dem 14. Juni 1940 von den Deutschen besetzt. Am 19. August 1944 erhob sich der Widerstand und 6 Tage später stürmte das „Freie Frankreich" die Stadt. Der deutsche Befehlshaber, General Choltitz, ergab sich. General de Gaulle führte am 26. August 1944 einen Siegesmarsch über die Champs Elysées an.

DER FALL VON MONTECASSINO
Das Foto oben zeigt deutsche Fallschirmjäger, die 1944 an der Abtei Montecassino in Italien gegen die Alliierten kämpfen. Nach deren Landung und der Befreiung Siziliens im Juli 1943 hatte Italien kapituliert. Im Oktober wechselte es die Seite und erklärte Deutschland den Krieg. Daraufhin fielen deutsche Soldaten in Italien ein und erschwerten den Alliierten das Vordringen nach Norden.

Sandsäcke zum Schutz vor Kugeln

VOM FASCHISMUS BEFREIT
Im Januar 1945 stießen alliierte Verbände nach Norditalien vor, wo sie von Partisanen unterstützt wurden. Die Partisanen kämpften für den Sturz von Mussolini und den Abzug der Deutschen. Sie befreiten Mailand und Turin und waren auch für die Hinrichtung Mussolinis im April 1945 verantwortlich.

Italienische Partisanen bei der Befreiung Mailands

Bronzeadler

Das Loch im Flügel stammt von einem Granatsplitter.

Zwei Frauen reißen in Troyes (Frankreich) Nazischilder herunter.

HITLERS ADLER
Dieser Bronzeadler hing in Hitlers Residenz, der Reichskanzlei in Berlin. Ein Offizier der Roten Armee übergab den Adler 1946 in Berlin einem britischen Offizier. Sein Flügel trägt Spuren der letzten Schlacht um Berlin.

FRANZÖSISCHE FREIHEIT
Nach der Befreiung wurden in Frankreich Hakenkreuze abgerissen und durch Trikoloren (französische Flaggen) ersetzt. Die Befreiung Frankreichs begann mit der Landung der Aliierten in der Normandie am 6. Juni 1944, und war abgeschlossen, als sie Anfang 1945 nach Deutschland vorrückten. Das von de Gaulle geführte „Freie Frankreich" errichtete eine provisorische Regierung.

Das deutsche Hoheitszeichen

Hakenkreuz mit Eichenlaubkranz

WEG MIT DEN NAZISYMBOLEN!
Nachdem die Deutschen die besetzten Gebiete verlassen hatten, entfernten die Einheimischen alle Spuren der früheren Besetzer. Deutsche Aufschriften und Nazisymbole wurden beseitigt und man begann mit dem Wiederaufbau zerstörter Gebäude.

Ein Soldat zieht nach der Befreiung Frankreichs eine Naziflagge hinter sich her.

DER FALL BERLINS
Am 2. Mai 1945, zwei Tage nach Hitlers Selbstmord, kletterten sowjetische Soldaten auf das Dach des besetzten Reichstagsgebäudes, um die rote Flagge zu hissen. Zweieinhalb Jahre harter Kämpfe waren nötig gewesen, um die Deutschen von den Toren Stalingrads in die Vororte Berlins zurückzudrängen.

Ein russischer Soldat hisst die rote Flagge über Berlin.

Die Atombombe

Deutschen Wissenschaftlern war 1938 die Spaltung von Uran-Atomen gelungen, die eine Kettenreaktion mit gewaltiger Energiefreisetzung auslöste. Damit waren die Grundlagen für den Bau einer Atombombe geschaffen. Nachdem die USA 1941 in den Krieg eintraten, arbeitete dort ein internationales Forscherteam mit dem Ziel, „die" Bombe herzustellen. Das sogenannte Manhattan-Projekt wurde unter Leitung des Atomphysikers J. Robert Oppenheimer (1904–1967) in Los Alamos/New Mexico durchgeführt. Bis Juli 1945 waren drei Bomben fertiggestellt. Die erste wurde am 16. Juli 1945 über der Wüste von New Mexico getestet.

SCHRECKEN ÜBER HIROSHIMA
Die Hiroshima-Bombe explodierte 600 m über der Stadt. Der gewaltigen Hitzewelle folgte eine Druckwelle, die sich über 3,66 km fortpflanzte und auf einer Fläche von 13 km² alle Gebäude dem Erdboden gleichmachte. Innerhalb von 5 Tagen starben 138661 Menschen.

Geschmolzene Flasche in Hiroshima

Die starken Motoren der B-29 ermöglichten, schwere Bombenladungen über weite Strecken zu transportieren.

ENOLA GAY
Der B-29-Bomber *Enola Gay* startete in den frühen Morgenstunden des 6. August 1945. Um 8.15 Uhr warf er seine Ladung über Hiroshima (Japan) ab.

HIROSHIMA-BOMBE
Die auf Hiroshima abgeworfene Bombe trug den Namen „Little Boy". Es war eine auf Uran 235 basierende Bombe mit 4082 kg Gewicht. Ihre Sprengkraft war 2000-mal größer als die aller bisherigen Bomben.

„Little Boy" war 3 m lang und hatte einen Durchmesser von 71 cm.

Der Atompilz war noch in 580 km Entfernung sichtbar.

Nach dem Bombenabwurf standen in Nagasaki nur noch wenige Mauerreste.

Windgeschwindigkeit in der Wolke: 800 km/h

Überlebende mit einer Notration Reis

BOMBARDIERUNG NAGASAKIS

Am Morgen des 9. August 1945 wurde eine zweite Atombombe auf die japanische Stadt Nagasaki geworfen. Die auf Plutonium basierende Bombe „Fat Man" wog 4536 kg. Sie war eigentlich für Kokura, den Standort der wichtigsten Militärbasis, bestimmt, doch wegen des schlechten Wetters wurde im letzten Moment auf Nagasaki ausgewichen. Beim Abwurf der Bombe kamen rund 74 000 Menschen um, 51 000 Gebäude wurden zerstört.

Das Museum für Wissenschaft und Industrie ist seit August 1945 unverändert geblieben.

Die Wolke reichte bis in 10 000 m Höhe.

„Ein gleißender Blitz erfüllte den Himmel ... und die Welt um mich versank."

Ein Überlebender von Hiroshima

ÜBERLEBENDE

Mehr als 200 000 Bürger von Hiroshima und Nagasaki kamen durch die Atombomben ums Leben. Weit mehr erlitten schlimme Verbrennungen und andere Verletzungen. Die Langzeitwirkung der Strahlen, die Krebs und Leukämie bei den Opfern und ihren Nachkommen auslösen können, machte eine genaue Zählung der Opfer unmöglich. Vermutlich starben allein in Hiroshima in den 5 Jahren nach dem Angriff weitere 150 000 Menschen an Strahlenschäden.

DIE KAPITULATION JAPANS

Am 9. August 1945 – dem Tag des Bombenabwurfs auf Nagasaki – griff Russland die Japaner in der Mandschurei an. Am gleichen Abend traf sich der oberste Kriegsrat mit Kaiser Hirohito, doch zu einer Einigung über das weitere Vorgehen kam es nicht. Wenig später ergriff Hirohito die Initiative und akzeptierte am 14. August die Kapitulation unter der Voraussetzung, dass er Kaiser bleiben würde. Am nächsten Tag hielt er eine Radioansprache – es war das erste Mal, dass die Japaner seine Stimme hörten –, in der er die Kapitulation verkündete.

Japanische Kriegsgefangene, die soeben von der Kapitulation erfahren haben

Am Boden entstand eine Temperatur von 5000 °C.

ZWEI MAL ZU VIEL

Hiroshima und Nagasaki wurden nach dem Krieg zwar wieder aufgebaut, doch blieb ein zerstörter Bereich in der Stadtmitte Hiroshimas unverändert, um an die Schrecken atomarer Waffen zu erinnern. Seit 1955 findet in Hiroshima alljährlich eine internationale Antiatom-Konferenz statt.

Kriegsende

Die bedingungslose Kapitulation aller deutschen Streitkräfte wurde am 7. Mai 1945 in einem kleinen Schulhaus der westfranzösischen Stadt Reims unterzeichnet. Ihr wohnten Abgesandte Großbritanniens, Frankreichs, der USA und der Sowjetunion bei. Die Zeremonie wurde am nächsten Tag, dem 8. Mai (dem offiziellen „Tag der Befreiung"), in Berlin wiederholt. Drei Monate später, am 14. August, kapitulierte nach dem Abwurf der beiden Atombomben auch Japan. Die Kapitulationsurkunde wurde am 2. September 1945 an Bord des amerikanischen Schiffs *Missouri* in der Tokioter Bucht unterzeichnet. Nach 6 Jahren Krieg herrschte auf der Welt endlich wieder Frieden – ein Grund zum Feiern. Die Alliierten erarbeiteten detaillierte Pläne über das Verhältnis zu ihren früheren Feinden.

Siegesmeldung einer britischen Zeitung

„Ost und West kamen zusammen. Auf diese Nachricht hatte die ganze alliierte Welt gewartet. Die Befreiungsmächte reichten sich die Hände."

Amerikanischer Radiosprecher, 1945

FEUERWERK ÜBER MOSKAU
Moskau feierte den Sieg über Nazideutschland mit einem gewaltigen Feuerwerk und einer Militärparade auf dem Roten Platz. Zu Füßen der siegreichen russischen Offiziere wurden Kriegstrophäen, z. B. Naziflaggen, niedergelegt.

JAPAN KAPITULIERT
Der 15. August 1945, der Tag der Kapitulation Japans, löste auf der Welt weitere Feiern aus. Doch obwohl das Land offiziell kapituliert hatte, kämpften einige japanische Truppenteile weiter. Erst im September hatte sich der Frieden durchgesetzt.

Eine englischsprachige Zeitung aus Indien

Der Heilige Georg im Kampf mit dem Drachen

GEORGSKREUZ
Der englische König Georg VI. verlieh das Kreuz erstmals 1940 an die, die sich als Helden erwiesen hatten. 1942 erhielt es das Volk Maltas.

TAPFERKEITSKREUZ
Polnische Soldaten, die großen Mut gezeigt hatten, erhielten das Tapferkeitskreuz. In der Mitte des Kreuzes sitzt der polnische Adler.

FEIERN IN NEW YORK
Am Tag nach der bedingungslosen Kapitulation der Deutschen vom 7. Mai hatte die Welt endlich wieder Grund zum Feiern. Überall in den USA strömten die Menschen auf die Straßen. In London erschien Premierminister Winston Churchill mit der Königsfamilie vor Tausenden jubelnder Menschen auf dem Balkon des Buckingham-Palasts. Auch in Paris und anderen befreiten Städten Europas fanden spontane Feiern statt.

Papierschlangen sorgten in der New Yorker Wall Street für Feststimmung.

Nach dem Krieg

Den Staaten der Welt stand 1945 ein schwieriger Neuanfang bevor. Sieger wie auch Verlierer des Kriegs hatten große Verluste: Insgesamt waren schätzungsweise 55 Millionen Menschen im Kampf oder an der Heimatfront umgekommen. Am schlimmsten betroffen war die Sowjetunion mit über 20 Millionen Toten sowie Polen, das ein Fünftel seiner Vorkriegsbevölkerung verloren hatte. Der Holocaust hatte etwa 6 Millionen Juden das Leben gekostet. Alle Länder, mit Ausnahme der USA, gingen aus dem Krieg mit zerbombten Städten und zerstörten Fabriken hervor. Deutsche und japanische Macht- und Befehlshaber wurden vor Kriegsverbrechertribunalen angeklagt und Soldaten beider Länder mussten oft noch Jahre in Gefangenschaft verbringen. Der Wiederaufbau war langwierig und schmerzhaft, doch in jedem Land wünschte man sich, nie wieder die Schrecken eines Weltkriegs erleben zu müssen.

DIE VEREINTEN NATIONEN
Die Vereinten Nationen sind ein bleibendes Vermächtnis des Kriegs. Vertreter von 26 Nationen, darunter die USA, die Sowjetunion, Großbritannien und China, trafen am 1. Januar 1942 in Washington D.C. zusammen und vereinbarten, ohne die anderen Mitglieder keinen Frieden mit den Achsenmächten (Deutschland, Italien und Japan) zu schließen. Im Oktober 1945 wurde mit 51 Mitgliedern die United Nations Organization (UNO) gegründet.

FERTIGHÄUSER
Für die vielen durch Bombenangriffe obdachlos gewordenen Briten wurden Fertighäuser hergestellt. Die Stahl-, später Aluminium- und Asbest-Fertighäuser wurden als Bausätze geliefert und waren binnen weniger Tage aufgestellt. In den 1940er-Jahren entstanden über 150 000 Fertighäuser, von denen manche noch heute stehen.

TRÜMMERFRAUEN
In ganz Deutschland räumten die Menschen – meistens die Frauen – ihre zerstörten Städte auf. Sie holten Trümmer aus zerbombten Gebäuden, befreiten die Straßen von Schutt und halfen beim Wiederaufbau. Die Arbeit war hart und unangenehm, denn nicht selten stieß man in Kellern oder Wohnungen auf Leichen.

Wrack der Messerschmitt Me 110 von Rudolf Heß

ABSTURZ MIT FOLGEN
Am 10. Mai 1941 flog Hitlers Stellvertreter Rudolf Heß von Deutschland nach Schottland. Die näheren Umstände dieses Flugs sind umstritten. Heß behauptete, er habe mit Großbritannien Friedensverhandlungen führen wollen. Er wurde festgenommen und bis Kriegsende gefangen gehalten. Bei den Nürnberger Prozessen wurde er zu lebenslanger Haft verurteilt, die er bis zu seinem Tod 1987 im Gefängnis Spandau in Berlin verbüßte.

KRIEGSVERBRECHERPROZESSE
Nach dem Krieg mussten sich viele Offizielle des ehemaligen Nazideutschland und Japans vor Gerichten verantworten. Von 1945 bis 1946 wurde in Nürnberg 22 führenden Nazis vor einem internationalen Militärtribunal der Prozess gemacht: 12 wurden zum Tod verurteilt. In Japan wurde 1948 General Tojo hingerichtet. Weitere Prozesse, wie der obige gegen KZ-Aufseher und -Offiziere, folgten noch viele Jahre später.

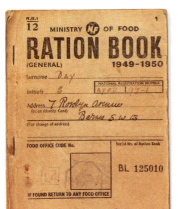

WEITERE RATIONIERUNG
Das Kriegsende bedeutete nicht, dass auch die Lebensmittelknappheit in Europa zu Ende war. Bis Landwirtschaft und Industrie zu normaler Produktion zurückfanden, blieben Nahrungsmittel und Rohstoffe knapp. In Großbritannien wurde 1946 erstmals neben Fleisch auch Brot rationiert.

Rationsbuch des britischen Ernährungsministeriums für 1949–1950

FRIEDENSPARK IN HIROSHIMA
Dieses Denkmal steht im Friedenspark von Hiroshima. Der Park erinnert an die schrecklichen Folgen von Atomwaffen für die Menschheit. Seit dem Krieg engagieren sich Friedenskämpfer in aller Welt dafür, dass die beiden Bomben auf Japan für alle Zeit die einzigen Atomwaffen bleiben sollen, die je eingesetzt wurden.

WOHLHABENDES AMERIKA
Die USA gingen aus dem Krieg stärker und wohlhabender hervor, als sie es vorher gewesen waren. Mit Ausnahme der pazifischen Inseln war das Staatsgebiet der USA nicht angegriffen worden. Das amerikanische Volk erlebte eine Zeit der Vollbeschäftigung und der steigenden Löhne, sodass viele Amerikaner sich nun ein eigenes Haus und ein Auto leisten konnten.

Wusstest du das?

Erstaunliche Fakten

Bei der Landung der Aliierten in der Normandie, wurden 29 Sherman-Schwimmpanzer von alliierten Schiffen zu Wasser gelassen. Nur zwei erreichten das Ufer, die anderen sanken auf hoher See. Im Jahr 2000 entdeckten Taucher die meisten Panzer auf dem Grund.

1974 kam auf der Pazifikinsel Lubang ein japanischer Soldat namens Hiroo Onoda aus dem Dschungel, wo er sich 29 Jahre lang versteckt hatte. Er wusste nicht, dass sein Land sich inzwischen ergeben hatte.

Aufgrund der Lebensmittelknappheit nutzten die Menschen in der unmittelbaren Nachkriegszeit den Platz direkt vor der Ruine des Berliner Reichstags, um Gemüse anzubauen. Auch wurden Teile des Bezirks Tiergarten abgeholzt, um Brennholz zu erhalten.

1942 wurde in England die Hilfsorganisation Oxfam gegründet. Sie sammelte Gelder für Kinder im vom Krieg zerstörten Griechenland. Heute unterstützt Oxfam Bedürftige auf der ganzen Welt.

2003 landete in Schweden eine Flaschenpost am Strand. Sie stammte von einem estnischen Flüchtling, der sie 60 Jahre früher auf der 150 km entfernten Insel Gotska Sandön abgeschickt hatte. Dort hatten sich im Krieg rund 2000 baltische Flüchtlinge in Sicherheit gebracht.

Wo es weder Funkgerät noch Telefon gab, setzten die Streitkräfte oft Brieftauben zur Übermittlung von dringenden Meldungen ein.

Die Feindschaft zwischen Japan und Russland wurde nie offiziell beendet. Die geplante Unterzeichnung eines Friedensvertrags im Jahr 2000 kam nicht zustande. Japan wollte, dass Russland vier Inseln, die es gegen Kriegsende besetzt hatte, wieder abtrat.

Prinzessin Elisabeth, die später als Elisabeth II. zur Königin von Großbritannien gekrönt wurde, unterstützte im Krieg die Hilfstruppen und fuhr einen Lastwagen.

Prinzessin Elisabeth (rechts)

1939 entdeckte der Schweizer Chemiker Paul Müller, dass die Chemikalie DDT als Insektengift einsetzbar ist. Im Krieg schützte DDT viele Soldaten vor Krankheiten, die von Insekten übertragen werden.

Das „Wundermedikament" Penicillin rettete Millionen Soldaten das Leben. Ab 1942 wurde es in großer Menge produziert.

Beide Kriegsparteien setzten Meldehunde ein. Die US-Armee bildete außerdem sieben Kolonnen Späher- und Wachhunde für den Krieg aus.

Ein britischer Soldat sucht ein „Entlassungshemd" aus.

1935 erhielt der Physiker Robert Watson-Watt von der britischen Regierung den Auftrag, eine „Todesstrahlung" zu entwickeln, um feindliche Flugzeuge zu zerstören. Stattdessen gelang es Watson-Watt, mithilfe von Funkwellen Flugzeuge zu orten – er hatte das Radar entdeckt.

Bei der Entlassung aus dem britischen Kriegsdienst erhielt jeder Soldat Zivilkleidung: einen Anzug, ein Hemd, zwei Hemdkragen, einen Hut, eine Krawatte, zwei Paar Socken und ein Paar Schuhe.

Deutscher Soldat mit Meldehund

Englische Soldaten einer Brieftauben-einheit

Nachricht der Brieftaube

Fragen und Antworten

Sean Connery als 007 im ersten Bond-Film *007 jagt Dr. No* (1962)

F Welcher Doppelagent war die Vorlage für James Bond?

A Der in Jugoslawien geborene Spion Dusko Popov (1912–1981) beeindruckte den Autor Ian Fleming so, dass er ihn zum Vorbild seiner Romanfigur 007 machte. Der deutsche Nachrichtendienst (Abwehr) stellte Popov ein, ohne zu wissen, dass er gegen Nazis war. Bald arbeitete Popov als Doppelagent für den britischen Geheimdienst MI5 und MI6. Dieser versorgte ihn mit Falschmeldungen für die Nazis. Popov beherrschte über fünf Sprachen, erfand eine unsichtbare Tinte und benutzte als erster Spion eine Kleinstbildkamera, um Fotos auf Punktgröße zu schrumpfen. 1941 ging er in die USA und arbeitete dort. Er hörte, dass die Japaner einen Luftangriff auf Pearl Harbor planten, doch unglücklicherweise nahm das FBI seine Warnung nicht ernst. In den USA wohnte Popov in einer Luxuswohnung und ging mit Schauspielerinnen aus, was ihm den Ruf eines Playboys einbrachte. Über seine Tätigkeit im Krieg schrieb er das Buch *Superspion* (1974).

F Welche Rolle spielte Magie im Krieg?

A „Magic" (Magie) war das Codewort der Amerikaner für die Entschlüsselung japanischer Nachrichten. Sie wollten Verschlüsselungen der sogenannten *Purple*-Maschine knacken, die Jinsaburo Ito 1939 erfunden hatte. Im September 1940 gelang es William Friedman, den Code zu entziffern. Den Erfolg in der Schlacht um Midway im Pazifik verdankten die Amerikaner auch ihrem „Magic"-Team.

F Welchen Geheimcode benutzte die amerikanische Marine?

A Als Code verwendete die amerikanische Marine ab 1942 die Sprache der Navajo, amerikanischer Ureinwohner. Sie war sehr komplex, sodass kaum ein Nicht-Navajo sie beherrschte. Weil die Navajo keine militärischen Begriffe hatten, bekamen die Worte neue Bedeutungen: Kolibri, *dah-he-ti-hi*, hieß nun z. B. Kampfflugzeug. Über 400 Navajo-Indianer wurden zu sogenannten „Codesprechern" ausgebildet. Die Japaner konnten den Code nie knacken.

F Welche Kriegspartei setzte zuerst Fallschirmjäger ein?

A Als Erstes hatte Russland Fallschirmjäger. Sie traten 1935 bei militärischen Manövern auf. Russland half Deutschland bei der Ausbildung am Fallschirm. Die Alliierten hatten erst 1940 einsatzbereite Fallschirmspringer: In einer neu gebauten Schule bei Manchester (England) wurden in nur 6 Monaten 500 Soldaten ausgebildet.

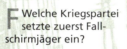

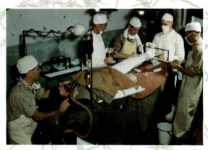

Ein Soldat erhält in einem Verbandsraum eine Bluttransfusion.

F Welche medizinische Neuerung rettete vielen Soldaten das Leben?

A Die meisten Leben wurden durch Bluttransfusionen gerettet. Der österreichisch-amerikanische Arzt Karl Landsteiner hatte 1901 herausgefunden, dass es verschiedene Blutgruppen gab. Die Forschung wurde vorangetrieben und im Zweiten Weltkrieg konnten Bluttransfusionen viele Soldaten vor dem Tod bewahren.

F Welche Jagdflugzeuge hatten Zähne?

A Britische Kampfpiloten malten furchterregende Haizähne auf ihre Curtiss *Kittyhawks* – Jagdflugzeuge, die über der nordafrikanischen Wüste im Einsatz waren. Die Zähne gaben ihnen das Gefühl, unbesiegbar zu sein, und stärkten die Moral. Die *Kittyhawk* war eine Nachbildung der amerikanischen *Warhawk*. Ihre Höchstgeschwindigkeit betrug 552 km/h, sie konnte eine 227-kg-Bombe tragen und war mit sechs 12,7-mm-Maschinengewehren bestückt.

Fallschirmjäger beim Training

Kittyhawks der britischen Luftwaffe, 1943

Chronik

Da an zahlreichen Fronten gekämpft wurde, ist es nicht leicht, einen zeitlichen Überblick über den Zweiten Weltkrieg zu geben. Diese Chronik führt in Kürze einige Schlüsselereignisse auf, um die Kriegsentwicklungen zu verdeutlichen. Doch kann in diesem Rahmen leider nicht jeder wichtige Vorfall oder Angriff genannt werden.

Deutsche Soldaten marschieren 1939 in Polen ein.

1939

1. SEPTEMBER
Deutschland fällt in Polen ein.

3. SEPTEMBER
Großbritannien und Frankreich erklären Deutschland den Krieg.

27. SEPTEMBER
Die polnische Hauptstadt Warschau ergibt sich.

28. SEPTEMBER
Deutschland und die Sowjetunion teilen Polen unter sich auf.

30. NOVEMBER
Die Sowjetunion marschiert in Finnland ein.

1940

APRIL – MAI
Deutschland greift Dänemark, Norwegen, die Niederlande, Belgien, Luxemburg und Frankreich an.

26. MAI – 4. JUNI
In der „Operation Dynamo" werden über 338 000 alliierte Soldaten aus Dünkirchen (Frankreich) evakuiert.

10. JUNI
Italien erklärt Großbritannien und Frankreich den Krieg.

14. JUNI
Deutsche Truppen besetzen Paris (Frankreich).

21. JUNI
Frankreich kapituliert, Deutschland kontrolliert Nordfrankreich.

10. JULI
Luftschlacht um England beginnt.

7. SEPTEMBER
Deutsche Bomber beginnen Blitzkrieg gegen englische Städte.

12. SEPTEMBER
Italien marschiert in Ägypten ein.

27. SEPTEMBER
Deutschland, Italien und Japan schließen den Dreimächtepakt.

12. OKTOBER
Luftschlacht um England endet.

Japan greift Pearl Harbor an, 1941.

1941

22. JANUAR
Britische und australische Truppen erobern Tobruk (Libyen).

1. MÄRZ
Bulgarien schließt sich den Achsenmächten an.

5. APRIL
Deutschland marschiert in Jugoslawien und Griechenland ein.

27. MAI
Britische Truppen versenken die *Bismarck*.

22. JUNI
„Unternehmen Barbarossa": Deutsche Truppen dringen in die Sowjetunion vor.

15. SEPTEMBER
Beginn der Leningrader Blockade: Deutsche und finnische Truppen belagern die russische Stadt.

7. DEZEMBER
Japan greift die US-Flotte in Pearl Harbor an und marschiert auf der Malaiischen Halbinsel ein.

8. DEZEMBER
Großbritannien und USA erklären Japan den Krieg.

11. DEZEMBER
Deutschland erklärt den USA den Krieg.

25. DEZEMBER
Hongkong ergibt sich den Japanern.

Eine *Hawker Hurricane*, von den Briten 1940 in der Luftschlacht um England eingesetzt

Buchstaben-Kennzeichnung

Auspuffe hinter dem Propeller

Scheibensymbol auf Tragfläche

Deutsche in Nordafrika, 1942

1942

15. FEBRUAR
Japaner nehmen Singapur ein.

MÄRZ
Erste KZ-Häftlinge werden in Auschwitz (Polen) vergast.

28. APRIL – 8. MAI
Bei der Schlacht im Korallenmeer stoppen US-Truppen den Vorstoß der Japaner.

4.–6. JUNI
Die USA besiegen Japan in der Schlacht um Midway.

19. AUGUST
Die Schlacht um Stalingrad (Russland) beginnt.

23. OKTOBER – 4. NOVEMBER
Großbritannien besiegt deutsche Truppen bei El-Alamein (Nordafrika).

8. NOVEMBER
Britische und US-Truppen landen in Nordwestafrika.

1943

31. JANUAR
Die deutsche Armee unterliegt bei Stalingrad.

8. FEBRUAR
Die USA erobern Guadalcanal (Pazifik) von den Japanern.

19. APRIL
Jüdischer Aufstand im Warschauer Getto (Polen)

12. MAI
Das deutsche Heer in Nordafrika ergibt sich.

9. JULI
Alliierte Truppen marschieren in Sizilien (Italien) ein.

25. JULI
Der italienische Diktator Benito Mussolini wird gestürzt.

3. SEPTEMBER
Die Alliierten dringen auf dem italienischen Festland vor. Italien ergibt sich.

13. OKTOBER
Italien erklärt Deutschland den Krieg.

1944

27. JANUAR
In der Sowjetunion endet nach zwei Jahren und drei Monaten die Belagerung von Stalingrad.

8. MÄRZ
Japan versucht in Indien einzumarschieren.

6. JUNI
Alliierte Streitkräfte landen in der Normandie (Frankreich) und marschieren landeinwärts.

Benito Mussolini

25. AUGUST
Die Alliierten befreien Paris (Frankreich).

17. OKTOBER
US-Truppen landen auf den Philippinen.

1945

7. MÄRZ
Britische und US-Truppen überqueren den Rhein.

30. APRIL
Adolf Hitler, deutscher Reichskanzler, begeht Selbstmord.

7. MAI
Bedingungslose Kapitulation Deutschlands

8. MAI
Ende des Zweiten Weltkriegs in Europa

6. AUGUST
Die USA werfen eine Atombombe über der japanischen Stadt Hiroshima ab.

9. AUGUST
Die USA werfen eine zweite Atombombe über der japanischen Stadt Nagasaki ab.

15. AUGUST
Japanische Kapitulation, Kriegsende

24. OKTOBER
Die Vereinten Nationen (UNO) werden gegründet.

US-Truppen auf den Philippinen, 1944

Neugierig geworden?

Vielleicht findest du in deinem Verwandten- oder Bekanntenkreis noch ältere Menschen, die den Weltkrieg miterlebt haben und davon erzählen können. Erfahrungsberichte von Zeitzeugen sind auch im Internet und in Büchern zu finden. Viele Museen haben nicht nur interessante Ausstellungen, sondern auch interaktive Terminals, durch die Geschichte lebendig wird. Fernsehdokumentationen zeigen oft Filmmaterial aus dem Krieg. Außerdem gibt es viele Spielfilme zum Thema – von U-Boot-Fahrten bis zur Flucht aus dem Lager.

KABINETT-KRIEGSRÄUME
Wer nach London kommt, kann sich die Räume ansehen, in denen der Premierminister Winston Churchill und sein Kabinett sich von 1940 bis Kriegsende trafen und berieten. Die unterirdischen Zimmer wurden genau so erhalten, wie sie während der Kriegsjahre aussahen.

STANDBILD IN MURMANSK
In jedem Land, das am Weltkrieg beteiligt war, gibt es Denkmäler zur Erinnerung an die Toten. Diese riesige Betonstatue eines russischen Soldaten überblickt den Hafen von Murmansk (Russland). Die Statue heißt im Volksmund „Aljoscha" und repräsentiert die russischen Kriegshelden.

GEDENKFEIER
Gedenkfeiern zu Kriegsereignissen, wie hier zur Landung der Alliierten in der Normandie am 6. Juni, sind nicht nur für Veteranen. Sie geben allen Menschen die Möglichkeit, über die Geschichte ihres Landes nachzudenken und mehr darüber zu erfahren.

MILITÄRMUSEEN
In Museen wachsen die Sammlungen zum Zweiten Weltkrieg noch an, weil man immer neue Objekte findet. So wurde z. B. in Manchester eine Außenstelle für das Londoner Kriegsmuseum des britischen Reichs eingerichtet, um die Ausstellungsfläche zu vergrößern.

Kriegsmuseum in Manchester (England)

SPIELFILME ZUM KRIEG

Regisseure haben nicht nur die Schrecken des Kriegs darzustellen versucht, sondern ließen sich auch von Geschichten über den Mut Einzelner inspirieren. Steven Spielbergs Film *Schindlers Liste* (1993) basiert auf der wahren Geschichte des deutschen Unternehmers Oskar Schindler, der Hunderte Juden vor dem sicheren Tod rettete, indem er sie bei sich in der Fabrik anstellte.

Filmplakat zu *Schindlers Liste*

Die Menora ist ein wichtiges Symbol des Judentums.

HOLOCAUST-GEDENKSTÄTTE

Viele Gedenkstätten erinnern an die Menschen, die von den Nazis in Konzentrationslagern ermordet wurden. Dieses Denkmal steht in Mauthausen (Österreich), wo rund 125 000 Menschen getötet wurden. Es hat die Form einer Menora (siebenarmiger Leuchter).

FILM ZUM FRANZÖSISCHEN WIDERSTAND

Eine spannende Geschichte aus dem Widerstand wird im Film *Der Zug* erzählt. Burt Lancaster spielt einen französischen Bahnarbeiter, der einen Zug sabotieren will, mit dem die Nazis Kunstwerke aus Paris schmuggeln wollen, bevor die Alliierten eintreffen.

Besuche doch mal …

DEUTSCHES HISTORISCHES MUSEUM BERLIN
- Ausstellung zur deutschen Geschichte mit einem 360°-Panorama zu NS-Regime und Zweitem Weltkrieg
- Sammlung von Propagandadokumenten und Tagebuchberichten aus dem Zweiten Weltkrieg

JÜDISCHES MUSEUM BERLIN
- zwei Jahrtausende deutsch-jüdischer Geschichte mit einer Sammlung zu Verfolgung, Widerstand und Vernichtung der Juden im Nationalsozialismus
- Installationen zur Erinnerung an den Holocaust

LUFTWAFFENMUSEUM DER BUNDESWEHR (BERLIN-GATOW)
- rund 450 000 Exponate, u. a. zahlreichen Fahrzeuge, Bodengerät, Uniformteile, Bord- und Handwaffen, Orden, Schrift- und Bildgut
- Nachlässe von deutschen Luftwaffensoldaten

UNTERWELTEN-MUSEUM (BERLIN)
- Auf vier unterirdischen Etagen wird Berliner Geschichte „von unten" gezeigt.
- Themen sind u. a. ziviler Luftschutz im Zweiten Weltkrieg, der Bombenkrieg und seine Folgen und Enttrümmerungsarbeiten in der Nachkriegszeit.

DEUTSCHES MARINEMUSEUM (WILHELMSHAVEN)
- Geschichte der deutschen Seestreitkräfte von 1848 bis heute
- begehbare Großexponate, wie z. B. Minenjagdboot *Weilheim*, Unterseeboot *U10* oder Lenkwaffenzerstörer *Mölders*
- multimediale Präsentationen und zahlreiche Schiffsmodelle

AIRBORNE-MUSEUM, OOSTERBEEK (NIEDERLANDE)
- Nachgestellte Schauplätze und Multimedia machen Kriegssituationen lebendig, z. B. einen Schützengraben mit Militärfahrzeugen und Waffen.
- realitätsnahe Nachstellung der Schlacht von Arnheim (1944) und der Straßenkämpfe zwischen deutschen und alliierten Soldaten

Englische Übersetzung der französischen Inschrift

INTERNETADRESSEN

- So erlebte ein kleiner Junge das Ende des Zweiten Weltkriegs in Deutschland.
http://www.lilipuz.de/wissen/zeitkreisel/details/artikel/08051945-ende-des-zweiten-weltkrieges-in-europa/
- Das Tagebuch der Anne Frank.
http://www.helles-koepfchen.de/das_kurze_Leben_der_Anne_Frank.html
- Die weiße Rose – Widerstandskämpfer gegen den Nationalsozialismus.
http://www.hanisauland.de/lexipopup/verhaftung-geschwisterscholl

DENKMAL VON OMAHA

Dies ist eins von vielen Denkmälern in der Normandie (Frankreich), das den Helden der Landung gewidmet ist. Die Inschrift lautet: „Alliierte Truppen, die an dieser Küste landen und sie Omaha nennen, befreien Europa – 6. Juni 1944".

Glossar

ACHSENMÄCHTE Allianz von Deutschland, Italien und ihren Verbündeten.

ALLIIERTE Nationen, die sich verbünden, um gemeinsam zu handeln. Alliierte legen ihre gemeinsamen Ziele oft in einem Abkommen fest.

ANTISEMITISMUS Diskriminierung und Verfolgung von Juden.

ATOMBOMBE Waffe, die ihre extreme Zerstörungskraft durch Kernspaltung erhält – der Atomkern eines radioaktiven Elements wie Uran oder Plutonium wird gespalten.

BESATZUNGSMACHT Staat, der einen anderen Staat teilweise oder ganz einnimmt und verwaltet.

BLITZKRIEG Deutsche Strategie, die durch massiven Einsatz von schnellen Truppen (Panzern), Kampfflugzeugen und nachrückender Infanterie rasche Siege erzielte.

Deutsche Flieger richten Munitionsgurte her.

BUNKER Befestigter Schutzraum bei Luftangriffen.

DEMOKRATIE Gesellschaftssystem mit vom Volk gewählten Regierungsvertretern.

DIKTATUR Staat mit einem Alleinherrscher (Diktator), der den Bürgern kein Mitspracherecht gewährt.

DISKRIMINIERUNG Benachteiligung und Ausgrenzung von bestimmten Personengruppen.

EVAKUIERUNG Abtransport aller Menschen aus einem gefährdeten Gebiet.

EXILREGIERUNG Die legitime, international anerkannte Regierung eines Landes, die sich wegen der dortigen kriegerischen Verhältnisse bis auf Weiteres in ein Drittland zurückgezogen hat.

FALLSCHIRMJÄGER Soldat, der mit Fallschirm über einem Gebiet aus dem Flugzeug abspringt.

FASCHISMUS Antidemokratisches Gesellschaftssystem, das einen starken, bewaffneten Staat anstrebt.

FELDTELEFON Tragbares Telefon für Militäreinsätze.

FLÜCHTLING Jemand, der sein Land verlassen musste, um sich in Sicherheit zu bringen.

FLUGABWEHRKANONE (FLAK) Geschütz mit hoher Reichweite, um feindliche Flugzeuge zu beschießen.

FRAUENARBEIT Im Krieg übernahmen oft Frauen die Arbeit auf Bauernhöfen und in Fabriken und stellten wichtige Güter, wie z. B. Waffen, her.

GASKAMMER Geschlossener Raum in den Vernichtungslagern der Nazis, wo Menschen durch Giftgas ermordet wurden.

GASMASKE Gesichtsmaske für Nase, Mund und Augen zum Schutz vor Gasangriffen.

GESTAPO Geheime Staatspolizei der Nationalsozialisten.

GETTO Abgegrenzter Stadtteil, in den diskriminierte Menschen verbannt werden.

GIFTGAS Gas, das die Feinde im Krieg blenden, ersticken und töten soll. Auf dem Schlachtfeld wurde im Zweiten Weltkrieg kein Giftgas eingesetzt, obwohl alle Kriegsparteien Vorräte hatten.

GRANATE Kleine, von Hand zu werfende Bombe.

GRÄUELTAT Entsetzliche, bösartige Handlung.

HAKENKREUZ Altes Kreuzzeichen mit abgewinkelten Armen. Die Nazis erklärten es zu ihrem Symbol.

HILFSTRUPPEN Zuständig für Versorgung und Unterstützung der Haupttruppen.

Zielerfassung eines Flugabwehrgeschützes

Soldat mit Urwald-Tarnung (Malaiische Halbinsel)

HOLOCAUST Massenmord an Millionen Juden durch die Nazis während des Zweiten Weltkriegs.

INFANTERIE Militärische Fußtruppen.

INVASION Einfall gegnerischer Truppen in ein bestimmtes Gebiet.

KAPITULATION Aufgeben des Widerstands, Unterwerfung.

KAVALLERIE Berittene Soldaten.

KOLLABORATEUR Jemand, der sich mehr oder weniger freiwillig zur Zusammenarbeit mit der Besatzungsmacht bereit erklärt und dadurch den Interessen des eigenen Landes schadet.

KOMMUNISMUS System, das den freien Markt ablehnt und eine klassenlose Gesellschaft aufbauen will.

KONVOI Verband von Schiffen oder Fahrzeugen, die gemeinsam fahren.

Feldtelefon

KONZENTRATIONSLAGER (KZ) Lager für nicht militärische Gefangene. Die Nazis sperrten Juden, Osteuropäer, Sinti und Roma, Homosexuelle und andere ein, die sie für Staatsfeinde hielten.

KRYPTOGRAFIE Untersuchung und Erfindung von Geheimcodes.

LUFTANGRIFF Bombenangriff mit Flugzeugen.

LUFTSCHUTZRAUM Schutzraum vor der Bombardierung bei Luftangriffen, z. B. unterirdischer Bunker.

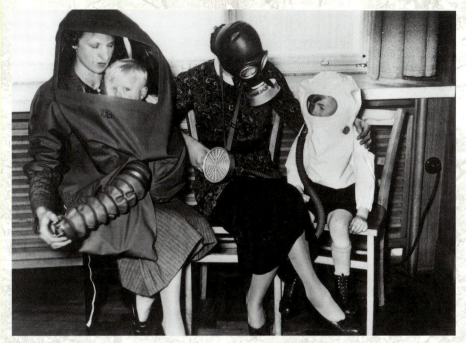

Verschiedene deutsche Gasmasken, 1939

MASCHINENGEWEHR Vollautomatische Schusswaffe, die viele Geschosse hintereinander abfeuert.

MINE Im Krieg entweder (1) unterirdischer Gang, der feindliche Stellungen zum Einsturz bringen soll, oder (2) Sprengkörper, der im Gelände oder Wasser als Sperre verlegt wird.

MORAL Positive Werte wie Durchhaltevermögen oder Vertrauen.

MORSECODE Code, bei dem jeder Buchstabe durch eine Reihe von Punkten und Strichen bzw. kurzen und langen Signalen ersetzt wird.

MÖRSERGRANATE Schwere Bombe, die oft von Panzern aus abgefeuert wird.

MUNITION Aus Waffen abgefeuerte Geschosse und Granaten.

NACHRICHTENDIENST Geheimdienstbehörde, die Informationen sammelt (z. B. durch Spione).

NATIONALISMUS Glaube an die Wichtigkeit und Überlegenheit des eigenen Staats.

NAZI Kurzform für die Bezeichnung von Anhängern der Nationalsozialistischen Deutschen Arbeiterpartei (NSDAP) und Hitlers. Heute auf Anhänger rechtsextremen oder faschistoiden Gedankenguts ausgedehnt.

NEUTRAL Begriff zur Kennzeichnung eines Landes, das sich erklärtermaßen aus Kriegshandlungen heraushalten will. Ein solches Land hat das Recht, dass seine Neutralität respektiert wird, muss sie jedoch auch selbst wahren.

PARTISAN Mitglied einer bewaffneten Widerstandsgruppe gegen Besatzer.

PARTISANEN Bewaffnete Widerstandskämpfer, die keine regulären Soldaten sind und meist aus der Zivilbevölkerung stammen. Sie agieren im Untergrund und sind vom Kriegsvölkerrecht nicht geschützt.

PENICILLIN Mittel aus einem Schimmelpilz, der die Vermehrung von Bakterien verhindert. Alexander Fleming entdeckte 1928 seine antibakterielle Wirkung. Zur Behandlung entzündeter Wunden bei Soldaten wurden um 1942 große Mengen Penicillin hergestellt.

PROPAGANDA Meldungen – z. B. auf Plakaten, Flugblättern oder im Radio –, die Menschen von einer bestimmten Ansicht überzeugen sollen.

Arbeiterinnen in einem Sägewerk

RADAR Ortung mithilfe von Funkwellen: Die Wellen werden vom Gegenstand zurückgeworfen und geben so seinen Standort preis.

RATIONIERUNG Beschränkung von Nahrungs- und Bekleidungsmitteln in Notzeiten.

SABOTAGE Absichtliche Schädigung oder Zerstörung.

SCHWIMMPANZER Panzer, der sich zu Land und Wasser fortbewegen kann.

SPERRBALLON Befestigter, mit Kabeln bespannter Ballon, der niedrige Flugzeuge aufhalten soll.

SPIONAGE Beschaffen unbekannter Informationen über andere Staaten.

STRAHLENKRANKHEIT Durch Radioaktivität verursachte Krankheit.

STUKA Kurzform für Sturzkampfflugzeug, meist einmotorige Bomber.

TARNUNG Nachahmung des Hintergrunds durch bestimmte Farben und Formen.

Alexander Fleming mit Penicillin in einer Petrischale

TORPEDO Von einem Propeller angetriebene Unterwasserrakete, die von Schiffen oder U-Booten abgefeuert wird.

TRANSFUSION Einem Patienten, der Blut verloren hat, wird Spenderblut in die Venen geleitet.

ULTIMATUM Mit einer Zeitfrist verbundene Forderung. Wird sie nicht eingehalten, drohen schwere Folgen.

VERSCHLÜSSELUNG Geheimer Code, bei dem Buchstaben nach einem bestimmten System ersetzt werden.

VICHY-FRANKREICH Der von den siegreichen deutschen Truppen 1940 unbesetzt gebliebene Teil Frankreichs mit eigener, demokratisch nicht legitimierter Regierung unter Marschall Pétain.

WIDERSTANDSBEWEGUNG Gruppen, die gegen eine feindliche Besatzungsmacht kämpfen, z. B. gegen die Vorherrschaft der Nazis in Europa.

Register

A B

Abzeichen 15, 18, 23, 32, 44
Achsenmächte 8, 24, 30, 52, 62
Ägypten 48, 66
Alliierte 24, 51, 54, 60
Arbeiterinnen 35
Armbinden 16, 19
Äthiopien 8
Atlantik, Schlacht im 42–43
Atombombe 41, 58–59, 63, 67
Auschwitz 52, 53, 67
Australien 40
Belgien 66
Berlin 57, 60
besetzte Länder 14–15, 24, 40
Birma 40, 56
Birma-Siam-Eisenbahn 41
Bismarck (Schiff) 42, 66
Blitzkrieg 12–13
Bomben 22, 58–59
Bombenangriffe 22, 58–59
Braunhemden 19
Briefmarken 16, 26
Brieftauben 64

C D

Chamberlain, Arthur Neville 9
Chiffren 30, 31
China 8, 40, 51
Christian X. 14, 16
Churchill, Peter 26
Churchill, Winston 20, 24, 61, 68
Codes 30, 31, 65
Codesprecher 65
Colditz (Jagdschloss) 28
Computer 30
Damerment, Madeleine 27
Dänemark 14, 56, 66
 Widerstand 16, 17
DDT 64
deutsche Luftwaffe 20, 21, 23, 34
deutsche Marine 42, 66
deutsche Streitkräfte 18–19
 Blitzkrieg 12–13
 Panzerverbände 12, 18
 SA, Sturmabteilung 19
 SS, Schutzstaffel 18, 53
Deutschland 10, 24, 62, 66, 67
 Deutsch-Sowjetischer Nichtangriffspakt 12, 24
 Heimatfront 10, 11, 34
 Hoheitszeichen 57
 Kapitulation 60, 67
 Kinder 37
 Kriegsgefangenenlager 29
 NSDAP 6, 7, 8, 63, 65
 Vorstoß nach Russland 44, 45, 46, 47, 66
 Wüstenkrieg 48
Dresden 23
Dünkirchen 15, 66

E F

Eisenhower, Dwight D. 54
El Alamein, Schlacht von 48, 49, 67
Elisabeth (Königin) 9, 64
Enigma (Chiffriermaschine) 30
Entschlüsselung 30–31, 65
Erkennungsmarken 28
Erster Weltkrieg 7, 8
Evakuierung 10, 36
Exilregierungen 14
Fabriken 32, 47
Fallschirme 34, 65
Fallschirmjäger 54, 65
Fasces 6
Faschismus 6
Feldstecher 21
Feldtelefone 40
Feuerwehr 22
Finnland 46
 Russisch-Finnischer Krieg („Winterkrieg") 47, 66
Flakweste 33
Flammenwerfer 32
Fleming, Ian 31, 65
Flüchtlinge 64, 71
Flugabwehr 35
Flugblätter 50, 51
Flugzeuge 13, 20, 21, 23, 32, 33, 34, 38, 39, 64, 65, 66
Flugzeugträger 38, 39
Frank, Anne 37
Frankreich 8, 10, 24
 Befreiung 56, 57
 Besetzung 14, 15
 Einmarsch 10, 12, 13, 66
 „Freies Frankreich" 16, 17, 24, 56, 67
 Kriegserklärung 9, 12, 66
 Landung der Alliierten 54, 66
 Vichy-Regierung 15
 Widerstand 16, 17, 56
Frauenarbeit 34, 47
Friedensfeiern 60–61
Funkgeräte 14, 26, 27

G

Gasmasken 10, 35, 36
Gaulle, Charles de 16, 24, 56, 57
Gebetsfahnen 38
Geheimagenten 16, 26, 65
Genfer Konvention 28, 29
Georg VI. 9, 60
Geschütze 17, 18, 23, 26, 32, 47
Gestapo 18
Getto 52
Goebbels, Joseph 50
Göring, Hermann 21
Granaten 13, 44
Griechenland 14, 25, 64, 66
Großbritannien 8, 10, 24, 40
 Kriegserklärung 9, 12, 66
 Luftangriffe 22, 23
 Schlacht um England 20–21, 66
 Wüstenkrieg 48
Guadalcanal 39

H

Häfen, schwimmende 55
Hagelin, Boris 31
Haile Selassie 8
Hakenkreuz 7, 51, 57
Hammer und Sichel 6, 51
Heß, Rudolf 62
Himmler, Heinrich 19
Hirohito 59
Hiroshima 41, 58, 59, 63, 67
Hitler, Adolf 8, 9, 18, 44
 NSDAP 7
 Propaganda 50
 Selbstmord 57, 67
Hitler-Jugend 37
Holocaust 52–53, 62, 69
Hongkong 66

I J

Indien 35, 40, 67
Internationales Rotes Kreuz 29
Italien 10
 als Achsenmacht 9, 24, 51
 Befreiung 56
 Faschismus 6
 Kapitulation 56, 67
 Kriegserklärung 25, 66, 67
 Landung der Alliierten 49, 67
 in Nordafrika 8, 48, 66
Iwo Jima 39
Japan 25, 40–41, 58–59, 66, 67
 Besetzung Chinas 8, 40
 Kampf um den Pazifik 38, 39, 67
 Kapitulation 59, 60, 64
 Kinder 36
 Luftwaffe 39
 Marine 39
 Pearl Harbor 24, 31, 38
 Propaganda 50, 51
 Juden 15, 36, 37, 52–53, 62, 67
Jugoslawien 14, 17, 25, 66

K

Kabinett-Kriegsräume 68
Kamikaze-Piloten 39
Karikaturen 50
Kavallerie 45
Kinder 36–37
Kollaborateure 14
Kommunismus 6
Konzentrationslager 19, 26, 28, 29, 36, 52, 53, 67
Korallensee, Schlacht in der 38, 67
Kriegserklärung 12, 66
Kriegsgefangene 28, 29, 41, 62
Kryha (Chiffriermaschine) 31
Kryptografie 30–31, 65

L M N

Landfrauen 34
Landung (Normandie) 54–55, 67
Lebensmittel 29, 40, 42, 47
Légion des Volontaires-Français 14
Leningrad, Belagerung von 46, 46, 67
Leopold III. 14
Libyen 8, 24, 48
Luftangriffe 22–23, 36
Luftschutzräume 11, 22, 47
Luftschutzübungen 35
Luxemburg 12, 13, 14, 66
Lynn, Vera 51
„Magic" 65
Maginot-Linie 10
Malaya (Malaysia) 24, 38, 66
Manhattan-Projekt 58
Mein Kampf 7
Meldehunde 64
Mengele, Josef 53
Messer, verborgenes 17, 26
Microdots 31
Midway, Schlacht bei 25, 31, 38, 65, 67
Minen 11, 48, 64
Molotowcocktail 47
Montecassino 56
Montgomery, Bernard Law 49
Moskau 46, 60
Motorräder 12, 55
Müller, Paul 64
Münchner Abkommen 9
Mussolini, Benito 6, 8, 9, 25, 56, 67
Nagasaki 41, 59, 67
Nebelwerfer 19
Neuseeland 49
neutrale Staaten 12
Niederlande 6, 10, 13, 14, 56, 66
 Widerstand 16
Nordafrika 24, 48–49, 66, 67
Normandie, Landung in der 54, 64, 67, 68, 69
Norwegen 14, 56, 66
NSDAP 6, 7, 8, 34, 63
Nürnberger Prozesse 62, 63

O P

Olsen, Oluf Reed 27
„Omaha" (Landungszone) 54, 55, 69
Onoda, Hiroo 64
„Operation Dynamo" 15, 66
„Operation Overlord" 54
Oppenheimer, J. Robert 58
Orden 34, 46, 60
Österreich 8, 9, 56
Oxfam 64
Panzer 12, 18, 45, 49, 64
Paris 14, 56, 67
Pass 16
Pazifik, Kampf um den 38–39, 40, 65, 67
Pearl Harbor 24, 31, 38, 65, 66
Penicillin 64
Periskope 43, 49
Pétain, Philippe 15
Pfeife, Agenten- 26
Philippinen 67
Plakate 10, 11, 34, 35, 42, 46, 47, 51, 52
Polen 60, 62
 Besetzung 14
 Einmarsch 9, 12, 66
 Juden 52
 Widerstand 16
Popov, Dusko 65
Propaganda 50–51, 52
Purple (Chiffriermaschine) 30, 31, 65

Q R

Quisling, Vidkun 14
Radar 20, 64
Raketen V1 und V2 22
Rationierung 11, 40, 47, 63
Rheinland 8
Rommel, Erwin 48, 67
Roosevelt, Franklin D. 24
Rote Armee 44, 45, 46, 56
Royal Air Force 20

S T

Sansom, Odette 26
Schlachtschiffe 42, 43
Selbstmordpillen 26
Sextant 39
Sizilien 49, 56, 67
Sorge, Richard 26
Sowjetunion 6, 37, 46, 62, 64
 Armee, siehe Rote Armee
 Deutsch-Sowjetischer Nichtangriffspakt 12, 24
 Einmarsch 24, 28, 44, 52, 66
 Russisch-Finnischer Krieg („Winterkrieg") 47, 66
 Stalingrad 44–45, 67
Sperrballons 11, 55
Spezialeinsätze 16, 17, 26, 27, 34
Spielzeug 36, 37
Spionage 26–27, 30, 31, 65
Stalin, Josef 6, 24, 44, 46
Stalingrad, Schlacht um 44, 56, 67
Streichhölzer 27
„Sword" (Landungszone) 54
Szabo, Violette 17, 69
Tirpitz (Schiff) 42
Tito 17
Tobruk, Schlacht von 48, 67
Tojo, Hideki 25
Tschechoslowakei 8, 9, 14
Turing, Alan 30

U V W

U-Boote 42, 43
Uniformen (Deutschland) 18, 19
„Unternehmen Barbarossa" 24, 66
„Unternehmen Seelöwe" 20
USA 8, 62, 63
 Armee 33, 54
 Kampf um den Pazifik 38–39, 40, 41, 67
 Luftwaffe 32, 33
 Pearl Harbor 24, 31, 32
 Rüstungsproduktion 32, 35
V1 und V2 22
Verdunkelung 11
Vereinte Nationen 62, 67
Versailler Vertrag 8, 9
Viktor Emanuel III. 6
Waffen 10, 17, 26, 47
Warschauer Getto 52, 67
Watson-Watt, Robert 64
Werkzeug, improvisiertes 28
Widerstandsgruppen 14, 16, 17, 37, 46, 56
Wiederaufbau 62
Wingate, Orde 40
Wüstenkrieg 48–49

Dank und Bildnachweis

Dorling Kindersley dankt Terry Charman, Mark Seaman, Mark Pindelski, Elizabeth Bowers, Neil Young, Christopher Dowling, Nigel Steel, Mike Hibberd, Alan Jeffreys, Paul Cornish und den Mitarbeitern des Archivs im Imperial War Museum für ihre Hilfe; Sheila Collins und Simon Holland für die Gestaltung und die redaktionelle Assistenz; Samantha Nunn, Marie Osborne und Amanda Russell für die Unterstützung bei der Bildrecherche; Chris Bernstein für das Register. Außerdem dankt der Verlag dem Autor für die Assistenz bei den Korrekturen; David Ball, Neville Graham, Rose Horridge, Joanne Little und Susan Nicholson für das Poster; BCP, Marianne Petrou und Owen Peyton Jones für die Kontrolle der digitalisierten Daten.

Der Verlag dankt folgenden Personen und Institutionen für die freundliche Genehmigung zum Abdruck von Fotos:

(Abkürzungen: o = oben, go = ganz oben, u = unten, m = Mitte, l = links, gl = ganz links, r = rechts, gr = ganz rechts, Hg = Hintergrund)

Advertising Archives: 51um, 63mlu. Airbourne Forces Museum, Aldershot: 32–33. AKG London: 45mro, 51go; German Press Corps 13gom. The Art Archive: 30mr. Camera Press: 7ur; Imperial War Museum 53gor. Charles Fraser Smith: 26mro. Corbis: 33gor, 40m, 59ur, 66gol; Bettmann 54–55u, 61, 64–65, 66mro, 67gor; Owen Franken 69ur; Hulton Deutsch Collections 20ml, 31gor, 53gom, 62mr; Richard Klune 68u; Carmen Redondo 52–53; David Samuel Robbins 63gr; Michael St Maur Sheil 69mo; Sygma/Orban Thierry 68ml; Yogi, Inc 68mr. D Day Museum, Portsmouth: 54mlo. Eden Camp Modern History Theme Museum, Malton: 22ml, 29gor, 36ul, 60ul, 62mr, 63ml. HK Melton: 16m, 17mlo, 17m, 26ul, 26mr, 28mru, 31gol, 31ml. Hoover Institution: Walter Leschander 28m. Hulton Archive/Getty Images: 8ml, 8ul, 10ml, 14mr, 16gogo, 17gol, 23gol, 26mru, 38u, 39ml, 39ur 43gom, 56u, 57m, 57ur; © AFF/AFS, Amsterdam, The Netherlands 37gor, 57ur; © AFF/AFS, Amsterdam, The Netherlands 37gor, Alexander Ustinov 60ml; Fox Photos 20ul, 66mu, 68–69; Keystone 12gom, 14u, 15gol, 25gom; Keystone Features 28mo, 29u; Reg Speller 36ur; US Army Signal Corps Photograph 53mr. Imperial War Museum: Dorling Kindersley Picture Library 16ur, 26ml, 26m, 26mr, 37gol, 45mr, 70m/; IWM Photograph Archive 11mr (ZZZ9182C), 21mr (HU1185), 22gor (HU5181), 22gor (HU635), 23gor (CH1277), 24ml (B5501), 34mr (TR1253), 34ul (D18056), 35ul (IND1492), 40ur (E14582), 50mr (C494), 56m (BU1292), 56mr (6352), 64gor (TR1581), 64m (H41668), 64ul (TR2725), 65mr (STT39), 65gor (TR2410), 65mr (TR50), 65u (TR975), 67gol (STT853), 67ur (NYF40310), 70gor (FE250), 70ml (MH5559), 70um (TR330), 71gol (HU39759), 71mr (TR1468), 71ul (TR910). Kobal Collection: Amblin/Universal 69gol; United Artists 65gol, 69ml; Universal 48mro. Mary Evans Picture Library: 9ur. M.O.D Michael Jenner Photography: 61. Pattern Room, Nottingham: 47u. National Cryptological Museum: 31mr. National Maritime Museum, London: 42–43m. Novosti: 46mr, 46ul, 47gol, 47ml; 45go. Österreichische Nationalbibliothek: 9gol. Peter Newark's Pictures: 6mr, 8gol, lltr, 12–13go, 13u, 15mro, 17ul, 18m, 19um, 19ur, 22m, 25ml, 26ml, 31ur, 32mlu, 34gor, 35ur, 36gol, 37u, 41u, 47gor, 50u, 51ul, 52ul, 55ug, 58gor, 58–59; Yevgnei Khaldei 57um. Popperfoto: 17mro, 29mr, 34ur, 35gol. Public Record Office Picture Library: 26mlo, 30mru. Robert Harding Picture Library: 59gor. Robert Hunt Library: 29ml. Ronald Grant Archive: British Lion Films 12u. Royal Air Force Museum, Hendon: 26mlo. Royal Signals Museum, Blandford Camp: 70um. Topham Picturepoint: 9ml, 29ml, 41mlo, 43mru, 48gor, 49gol, 49gor, 50ml, 51ur, 52gor, 52m, 53ur, 63gol; Press Association 41gor; Universal Pictorial Press 68gor. Trh Pictures: 24ul, 32gor, 37gom, 38m, 55gol, 55m; Imperial War Museum 33gor; Leszek Erenfeicht 41gor; National Archives 24–25u, 39go; United Nations 58ur; US NA 54gor; US National Archives 42mlu. Weimar Archive: 9mr.

Poster: Corbis: mugl (Pearl Harbor).

Cover: Vorn: Alamy Images: Tim Gainey mu; Dorling Kindersley: Imperial War Museum, London gor, mgl, mr, mgr, ml; **Hinten:** Dorling Kindersley: Imperial War Museum, London l, mo, um, r.

Alle anderen Abbildungen © Dorling Kindersley
Weitere Informationen unter www.dkimages.com

**Weitere Themen in dieser Reihe:
(Bandnummer in Klammern)**

Das alte Ägypten (8)
Das alte Griechenland (21)
Das alte Rom (38)
Autos (25)
Azteken, Inka & Maya (28)
Bedrohte Tiere (5)
Burgen (24)
Christentum (34)
Computer (51)
Demokratie (30)
Dinosaurier (1)
Edelsteine & Kristalle (62)
Eisenbahnen (19)
Die ersten Menschen (26)
Evolution (50)
Fische (13)
Flugmaschinen (41)
Fossilien (47)
Fußball (53)
Geld (59)
Gesteine & Mineralien (17)
Große Entdecker (12)
Große Musiker (42)
Große Wissenschaftler (33)
Haie (10)
Hunde (39)
Indianer (18)
Insekten (35)
Islam (56)
Katzen (23)
Klimawandel (11)
Kriminalistik (44)
Der Mensch (2)
Das moderne China (58)
Mond (57)
Musikinstrumente (14)
Mythologie (31)
Naturwissenschaften (7)
Ozeane (32)

Pferde (43)
Pflanzen (48)
Piraten (36)
Pyramiden (60)
Raubtiere (52)
Regenwald (20)
Ritter (16)
Säugetiere (45)
Schätze (6)
Spione (9)
Städte (3)
Strand & Meeresküste (55)
Teiche & Flüsse (27)
Titanic (22)
Vögel (29)
Vulkane (37)
Waffen & Rüstungen (61)
Wasser (40)
Weltall (15)
Wetter (46)
Wikinger (49)
Wirtschaft (4)
Der Zweite Weltkrieg (54)